AF538042

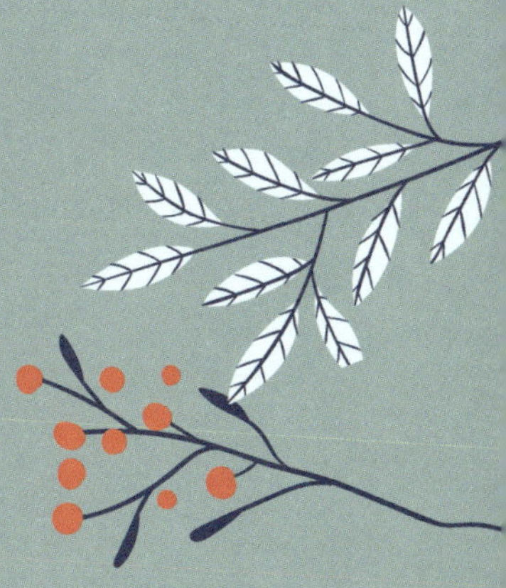

24 weihnachtliche DIY-Projekte für Garten, Balkon und Terrasse

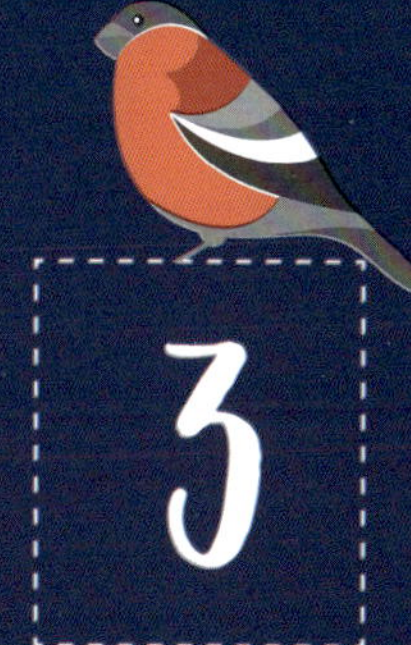


Christin Scheller-Penser

MEIN ADVENTSKALENDERBUCH

# GARTEN DEKO LIEBE

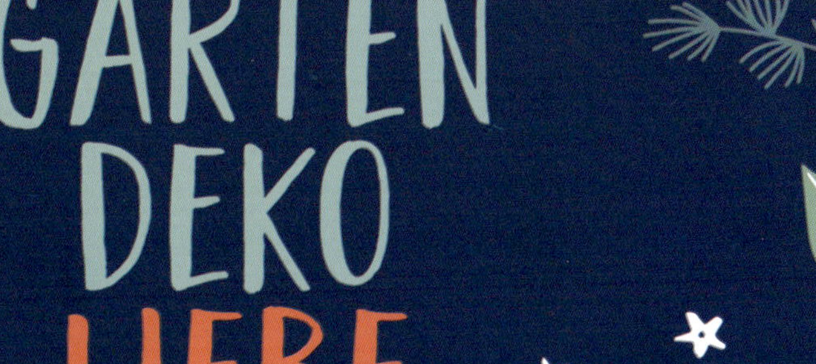

24

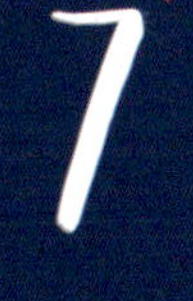


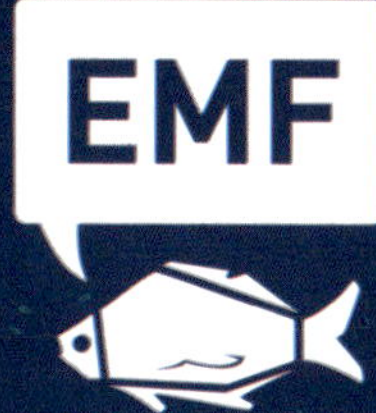


EIN BUCH DER
EDITION MICHAEL FISCHER

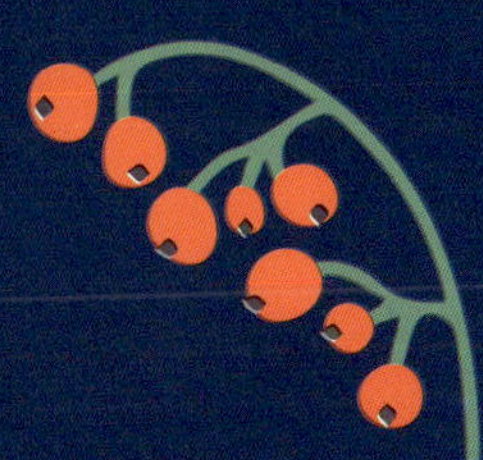

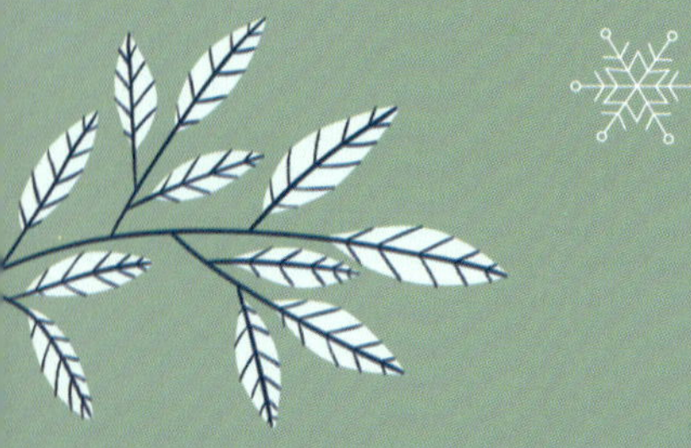

# INHALT

## Bevor es losgeht …



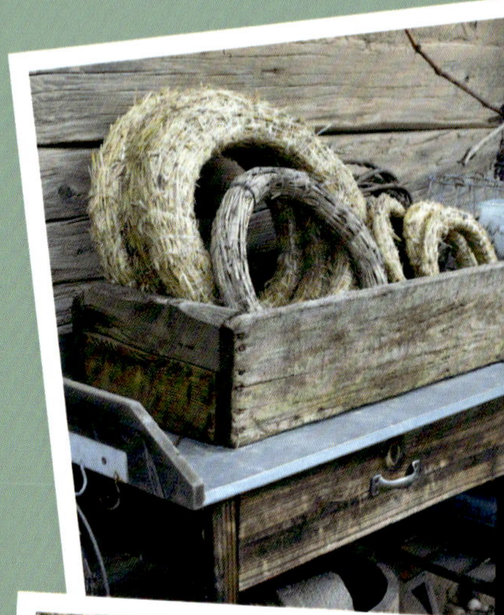

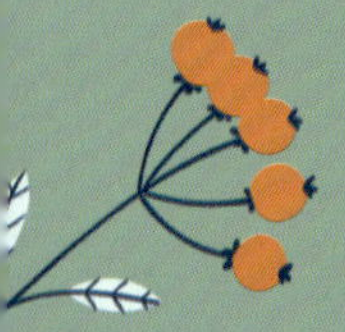

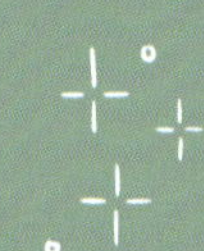

## Dein Advents-kalender

Psssst … Ab Seite 16 warten 24 winterliche Deko-Projekte für deinen Garten auf dich!

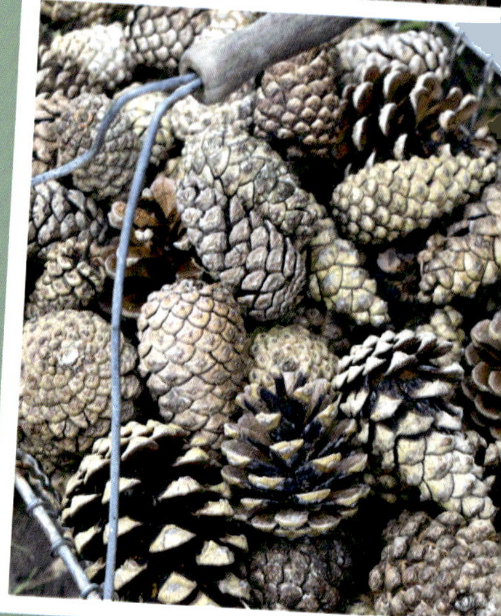

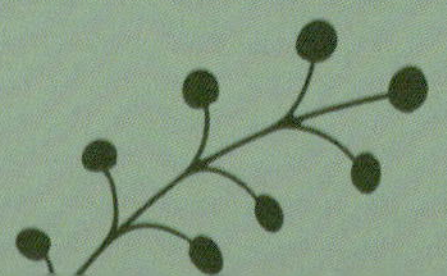

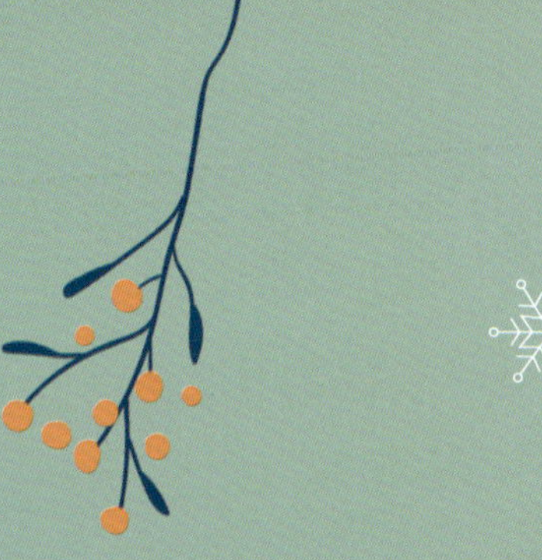

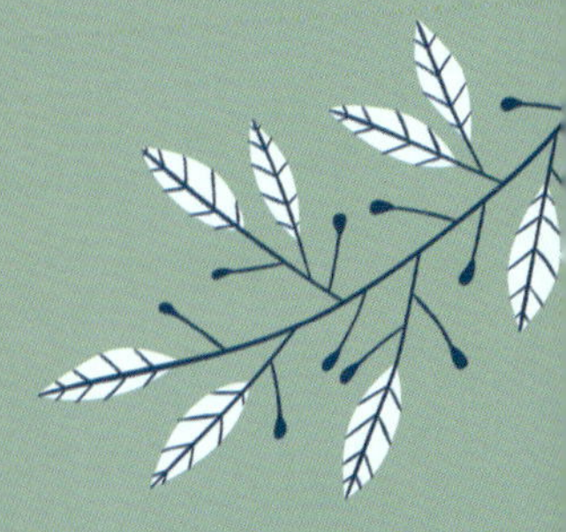

# VORWORT

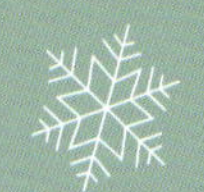

Weihnachtszeit ist Deko-Zeit! Aber nicht nur im Haus macht man es sich gemütlich, auch dein Garten oder Balkon kann mit Lichterglanz und etwas Kreativität zum vorweihnachtlichen Wohlfühlort werden.

In diesem Buch möchte ich dich hinter jedem der 24 Türchen mit einer neuen Deko-Idee überraschen. Ich zeige dir, wie du dich vom winterlichen Garten inspirieren lassen und mit natürlichen Materialien eine festliche Stimmung im Garten oder auf dem Balkon, am Hauseingang oder im Hof zaubern kannst. So entstehen hübsche Geschenke für die Weihnachtszeit, kreative Bastelprojekte und einzigartige Außendekoration – da vergeht die Zeit bis Heiligabend wie im Flug.

FROHE DEKO-ZEIT!

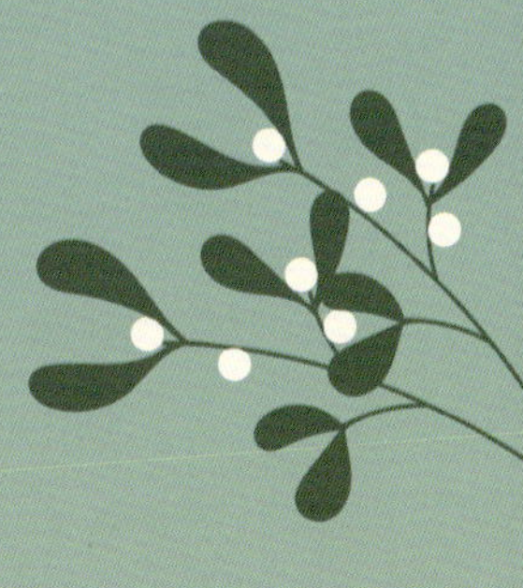

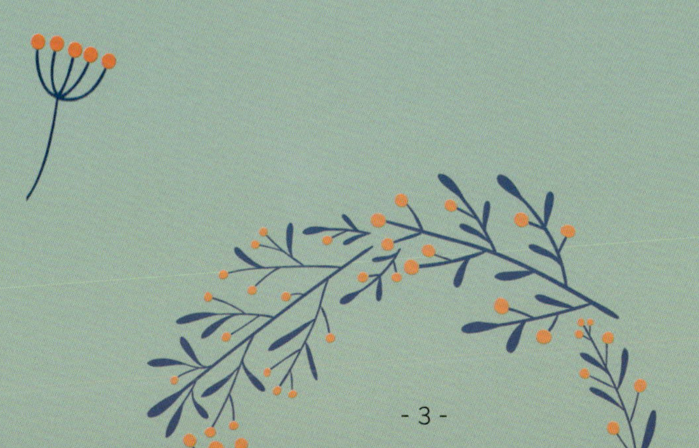

# DER GARTEN IM WINTER

**Im Frühling warte ich sehnsüchtig auf das erste Grün, der Sommer kommt mit üppiger Blütenpracht, frischem Salat und Erdbeeren, im Herbst leuchtet der Garten in warmen Tönen. Der Winter ist die Zeit, in der der Garten ruhig liegt und schläft, da gibt es nicht viel zu tun. Der erste Frost hat sich niedergelegt und ich warte meist sehnsüchtig auf den ersten Schnee. Doch auch diese Jahreszeit hat ihre ganz eigenen Reize.**

## Den Garten winterfest machen

Ich bereinige im Herbst für den Winter ein letztes Mal die Wege, das macht es im Frühling einfacher, dem Unkraut hinterherzukommen. Laub dient als Schutz für die Rosen und frostempfindliche Stauden. Ich habe abgelagerten Ziegenmist vom Nachbarn in die Beete gegraben. Auch hier kommt eine dünne Schicht Laub obendrauf. Die Regenwürmer ziehen die Blätter im Frühjahr in den Boden und verbessern so zusätzlich die Bodenqualität.

Auch das Gartenwerkzeug wird eingewintert. Schaufeln und Hacken werden gereinigt, eventuell stumpf gewordene Klingen von Gartenscheren geschärft und man könnte sie auch mal aussortieren. Ein wenig Öl auf die Holzgriffe tut ihnen gut.

Die Wasservorräte habe ich bereits im späten Herbst abgelassen, so kann nichts einfrieren. Das alte Weinfass aus Holz, frostfreie Tontöpfe und die Sandsteintröge bleiben stehen, Keramiktöpfe und alte Vorratsgefäße werden in den Keller geräumt. Ich verwende gern alte Zinktöpfe, denen kann die Kälte nichts anhaben und sie lassen sich problemlos im Winter dekorieren.

An die Vögel denke ich mit kleinen selbst gebauten Futterglocken, die Bienen überwintern im Insektenhotel und der Igel findet hinten am Kompost, wo das alte Holz aufgestapelt ist, ein warmes Plätzchen.

## Sich aufs neue Gartenjahr freuen

In frostsicheren Tontöpfen sind bereits die Blumenzwiebeln für den nächsten Frühling eingegraben und warten dort, in kleinen Gruppen arrangiert, auf ihren Einsatz. Für mich gibt es im Winter im Garten nicht viel zu tun. Die perfekte Zeit, neue Pläne für das kommende Gartenjahr zu schmieden. Ich überlege, was gut und was weniger gut war. Kalte Tage geben Gelegenheit, dicke Gartenbücher zu wälzen. Jedes Jahr versuche ich mich zu bremsen, doch eine neue Idee wächst meist in jedem Winter. Heuer sind es neue Hochbeete für Tomaten und Dahlien hinterm Tiny House.

SO IST MEIN GARTEN IM WINTER.

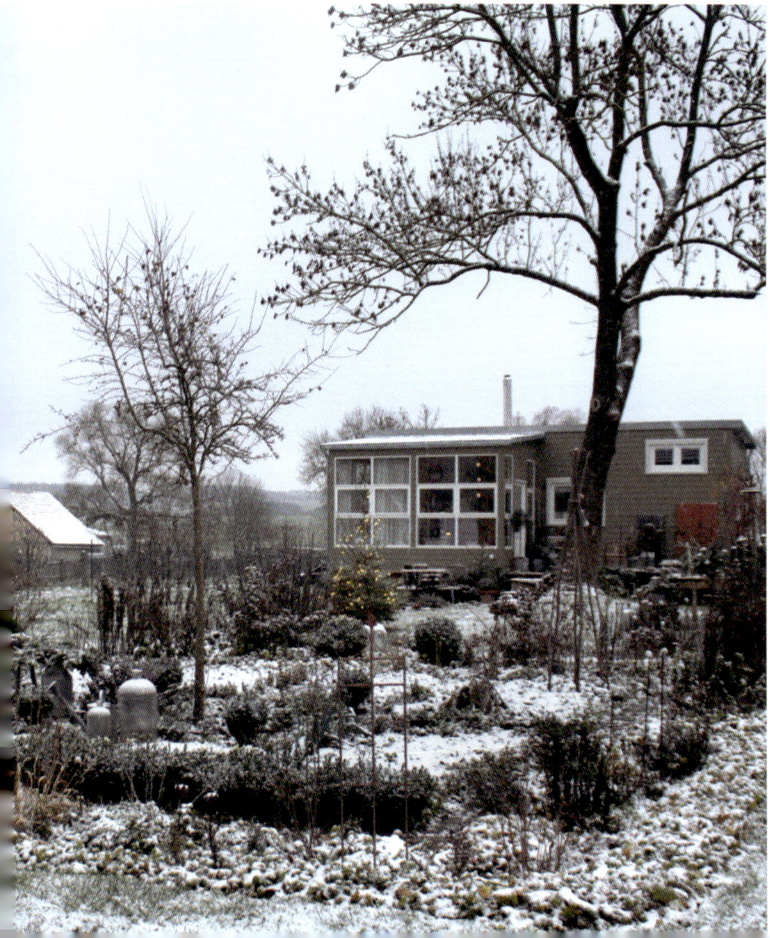

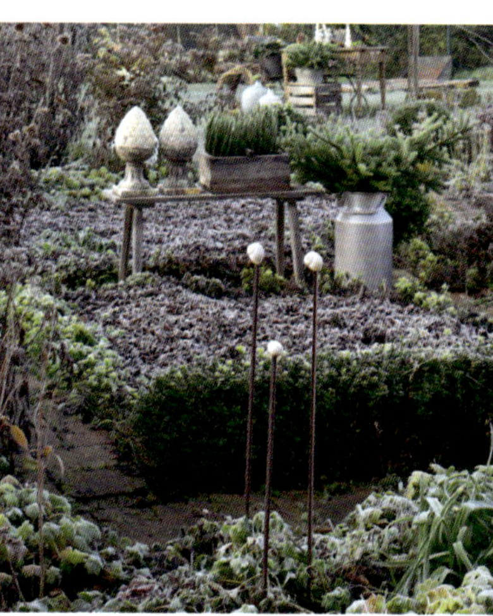

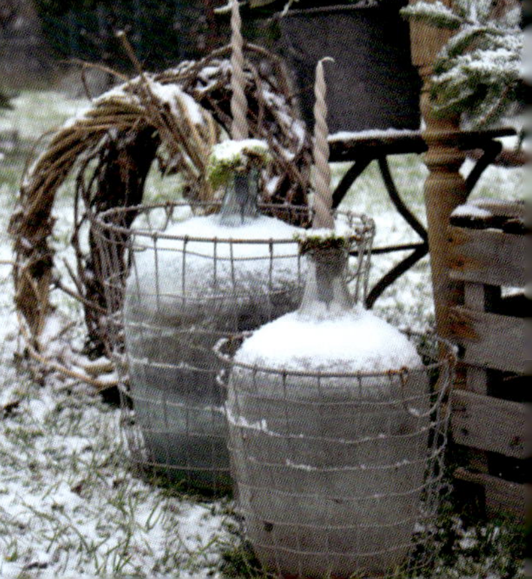

# NATÜRLICH DEKORIEREN IM WINTER

**Im Winter gibt es zwar kein Feuerwerk der Farben in den Beeten, stattdessen treten andere Materialien und Ausstattungsstücke im Garten in den Vordergrund. Zwar gibt es auch Pflanzen, die in der kalten Jahreszeit blühen, aber entscheidender für einen winterlichen Garten, der schön anzusehen ist, sind Gestaltungselemente wie Hecken, Sträucher, immergrüne Gewächse, interessant aussehende Samenstände und eine passende Dekoration.**

## Der winterlich dekorierte Garten

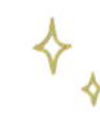

Es gibt unzählige Möglichkeiten, den Garten, den Balkon oder den Hauseingang zu dieser Zeit zu dekorieren. Kränze werden gebunden, Mistelzweige aufgehängt, Töpfe mit winterfesten Pflanzen bestückt und hübsche Dekorationsobjekte aus Naturmaterialien gebastelt.

Besonders wichtig in dieser Zeit sind Laternen und Kerzenschein, sie sorgen für warmes Licht und eine gemütliche Atmosphäre in dieser dunklen Jahreszeit.

Ich mag alte Dinge und integriere sie gern in meine Deko. Sie erzählen eine Geschichte. So bleibt im Winter der alte Holztisch im Garten stehen und in dem angeschlagenen Tontopf steht ein großer Strauß aus frischem Tannengrün. Hast du ausrangierte alte Gartengeräte, lehne sie einfach an einen Baum, als ob du die Arbeit gerade niedergelegt hättest. Auf den Beeten stehen die alten Bohnengerüste und werden mit einem Mistelzweig dekoriert. So ist immer noch ein wenig Leben im Garten.

Ich schneide Stauden und Gehölze im Herbst nicht zurück. Sie geben dem Garten im Winter seine Struktur. Es ist so schön anzuschauen, wenn der Schnee wie Puderzucker auf den Samenständen der Phlomis liegt, und wie die gefrorenen Kugeldisteln oder die Blüten der Artischocke in der Wintersonne glitzern. Außerdem sind die Pflanzen besser vor der Kälte geschützt, wenn man sie erst im Frühjahr zurückschneidet.

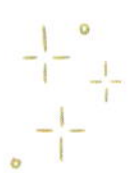

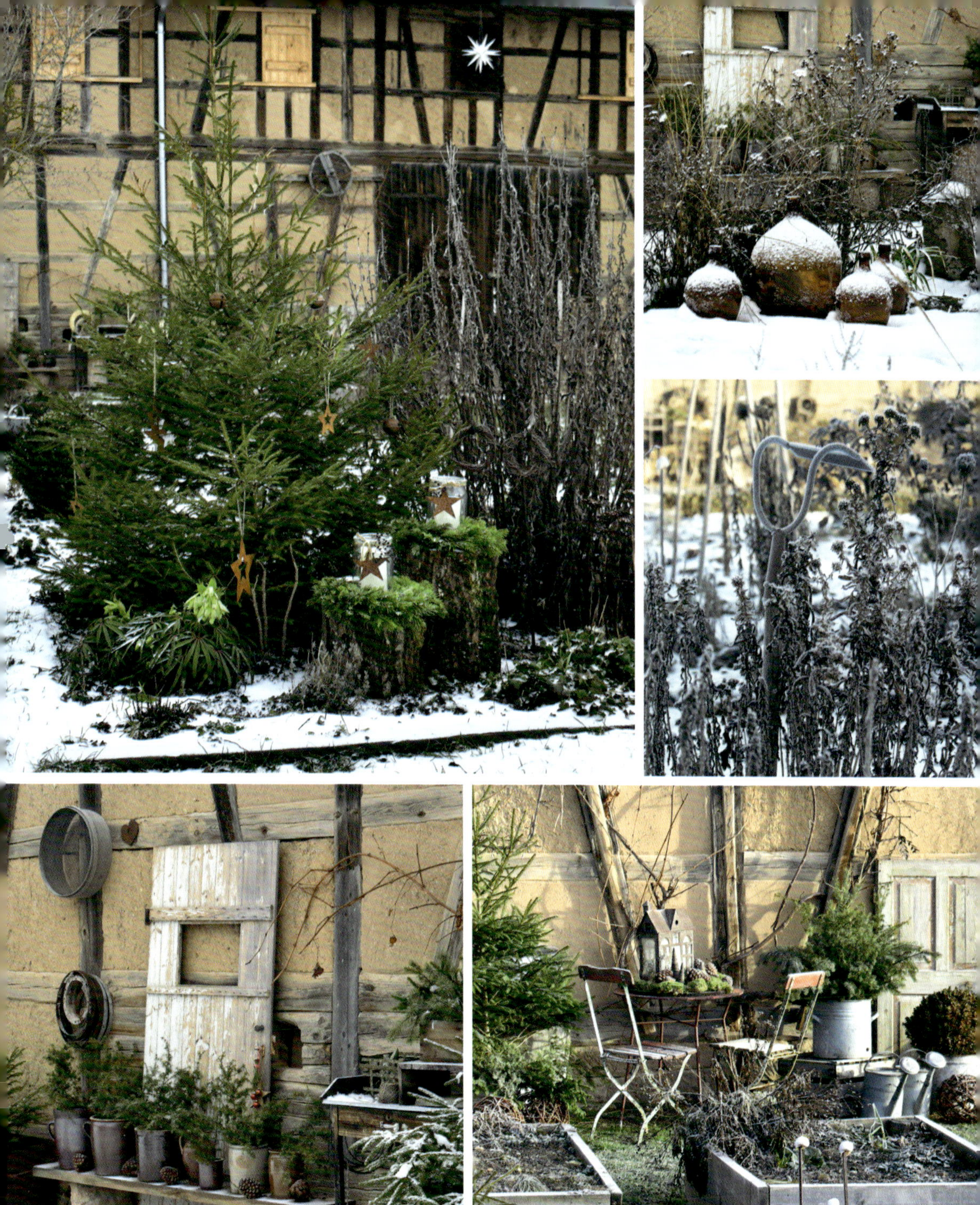

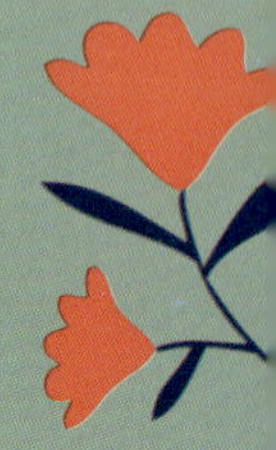

# WELCHE PFLANZEN EIGNEN SICH?

**Jeder kennt sie, die bunten Blumensträuße aus Tulpen, Rosen, Dahlien oder fröhlichen Wiesenblumen, die man in der warmen Jahreshälfte binden kann. Welche Pflanzen aber bestücken die winterliche Pflanzendeko? Wenn du die Augen offen hältst, findest du auch in deinem eigenen Garten sicherlich viele Pflanzen, die deine Adventsdeko ergänzen.**

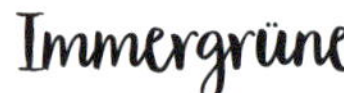

## Immergrüne

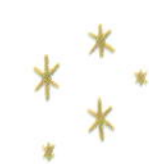

Es gibt eine Vielzahl an winterharten Pflanzen, die für grüne Farbkleckse in der Deko sorgen. Typisch sind beispielsweise Stechpalme, Berberitze, Efeu und Buchsbaum, aber auch Hebe, Blütenskimmie, Kriechspindel und Traubenmyrte sind erhältlich und überwintern gut im Topf. Sogar Blüten, zum Beispiel von Heide und Christrose, findet man im tiefsten Winter.

Zudem eignen sich Zweige von Nadelbäumen hervorragend fürs winterliche Dekorieren. Hier verwende ich gern Schwarzkiefer, Krüppelkiefer, Tanne, Douglasie, Fichte und Lärche. Unverzichtbar ist neben diesen noch der Mistelzweig, damit kommt die unverwechselbare weihnachtliche Atmosphäre auf.

Wenn du winterharte Pflanzen im Topf überwinterst, solltest du darauf achten, dass sie vor starken Temperaturschwankungen geschützt sind. Das geht auf natürliche Weise sehr gut mit Laub und Moos, herkömmlich kann man die Töpfe auch mit Luftpolsterfolie umwickeln oder auf Styroporplatten stellen. Gießen solltest du ausschließlich an frostfreien Tagen und nur wenig, so werden die Wurzeln geschont.

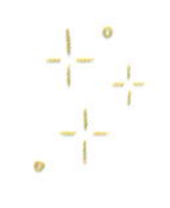

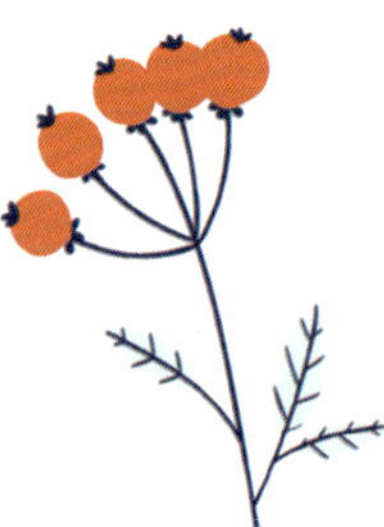

## Weitere Pflanzenmaterialien aus Wald und Garten

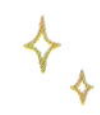

Wenn man einmal angefangen hat, nach dekorativen Pflanzenteilen zu suchen, findet man sie überall. Neben den Immergrünen verwende ich in der Adventsdekoration sehr gern die getrockneten Blüten und verblühten Samenstände von Pflanzen aus dem Garten. Büschel von trockenen Hortensienblüten, die Schirme der Fetthennenblüten, kugelige Mohnkapseln, buschige Salbeisamenstände, die imposante Artischockenblüte, rote Hagebutten ... Halte auf einem Streifzug durch deinen Garten die Augen nach interessanten Formen und Strukturen offen, du wirst sicherlich fündig.

Nicht vergessen darf ich an dieser Stelle die verschiedenen Zapfenarten: die dicken runden Pinienzapfen, die schmalen der Fichte, die sich wunderbar als Anhänger verwenden lassen, oder die der Schwarzkiefer, die in meinem Garten an allen Orten in Körben und auf dem Moosbett der Topfpflanzen liegen. Lärchenzweige mit ihren kleinen Zapfen eignen sich besonders gut zum Aufhängen an einer alten Tür oder für die Vase. Baumrinden und bemooste Äste sind ebenfalls ein schönes Gestaltungselement.

Viele der verwendeten Materialien sammle ich übers Jahr auf Spaziergängen im Wald. Alles andere findet man in gut sortierten Gartenmärkten oder direkt beim Gärtner des Vertrauens.

Zapfen und robuste Samenstände hebe ich über viele Jahre auf. Sie lassen sich problemlos trocken in einem Pappkarton auf dem Dachboden lagern.

Oft lasse ich mich durch mein Sammelsurium inspirieren und kaufe nur ausgewählte passende Pflanzen dazu.

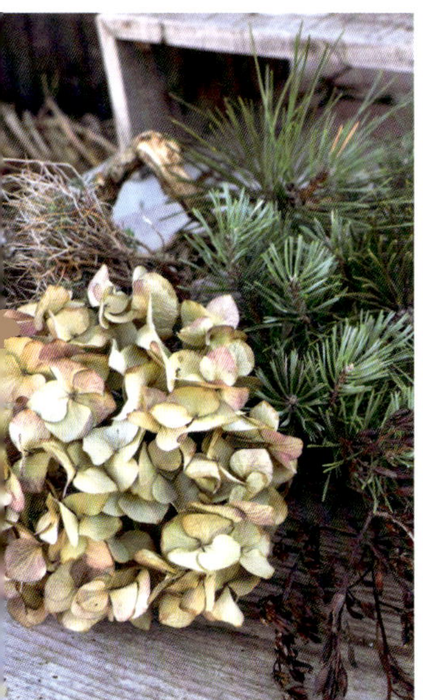

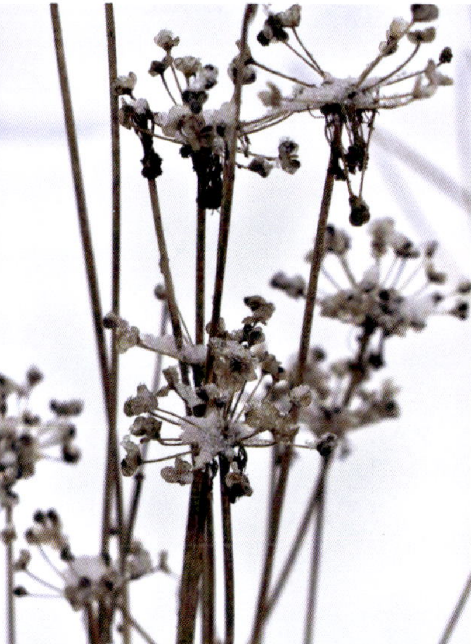

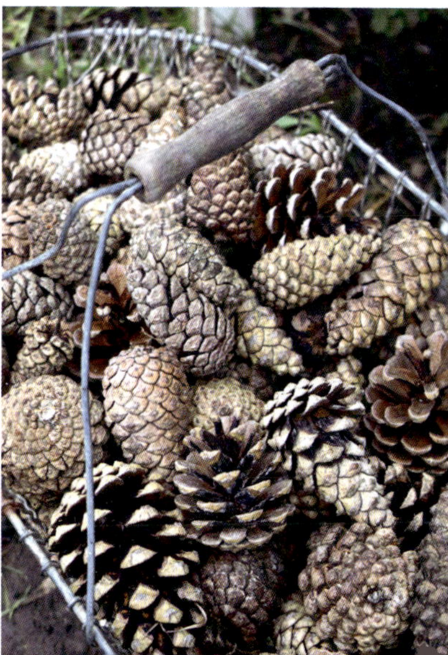

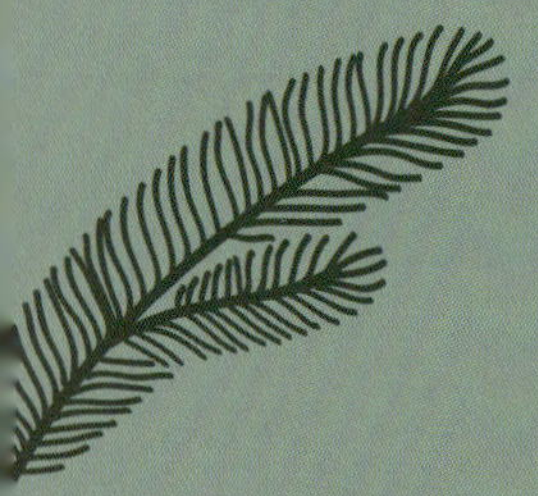

# WERKZEUGE UND MATERIALIEN

**Zum winterlichen Dekorieren und Basteln mit Pflanzen aus deinem Garten gehört, neben schönen Samenständen und anderem Pflanzenmaterial, auch die passende Ausstattung an Werkzeugen und Materialien. Folgende Utensilien erleichtern dir das Arbeiten:**

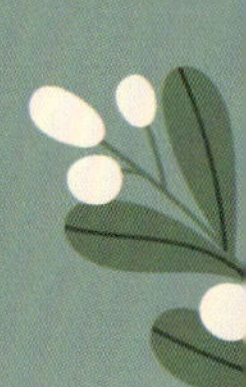

## Gartengeräte

Für das Zurechtstutzen von Ästen und Zweigen benötigst du gut geschärfte Gartenscheren. Astscheren erleichtern die Arbeit mit dickeren Ästen. Für Reisig und alle anderen Pflanzen verwende ich eine herkömmliche Gartenschere. Alle filigranen Stiele oder Ausbesserungen erledigt eine Tomatenschere, hier kannst du stattdessen eine normale Haushaltsschere verwenden. Auch Deko-Band und -schnur lassen sich damit auf die richtige Länge schneiden.

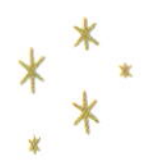

## Werkzeuge

Für manche Projekte benötigst du „schweres Gerät". Ich habe immer einen Hammer, Nägel und eine kleine Handsäge sowie Akkuschrauber und -bohrer mit den entsprechenden Aufsätzen zur Hand. Die Schrauben und Nägel kaufe ich dem Projekt entsprechend nach Bedarf im Baumarkt.

Da ich viel mit Draht arbeite, ist eine handliche Drahtzange ein Muss. Mit ihr können Drahtstücke abgeknipst und in Form gebogen werden.

Für den nötigen Halt sorgen eine Heißklebepistole, Holzleim oder Bastelkleber. Manchmal ist Sprühkleber die beste Wahl, manchmal möchte alles einfach mit dem Tacker befestigt sein.

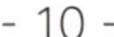

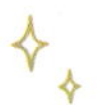

# Binde- und Steckdraht

Ohne Draht geht bei mir gar nichts. Es gibt ihn in verschiedenen Stärken und für ganz verschiedene Zwecke.

Der Draht mit einem Überzug aus grünem Plastik eignet sich perfekt zum Binden von Kränzen. Unbehandelten, schon leicht verrosteten Draht verwende ich meist zur Befestigung einzelner Dekorationselemente. Er fällt durch seine Patina weniger auf. Verzinkter Draht ist langlebig und auffälliger. Zum Aufhängen einzelner Anhänger wirkt er sehr dekorativ.

Je nachdem, was man bastelt, sollte man auch auf die jeweilige Stärke des Drahts achten. Filigranere Äste solltest du lieber mit einem dünnen Draht befestigen und beispielsweise Kerzen am Adventskranz mit einem starken.

Zusätzlich zum Bindedraht findet man im Baumarkt auch zahllose Varianten von Steckdraht und Drahtklammern, die das Gebastelte zusammenhalten.

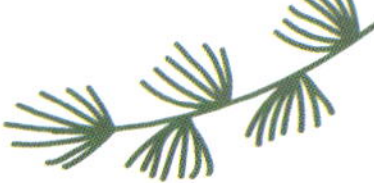

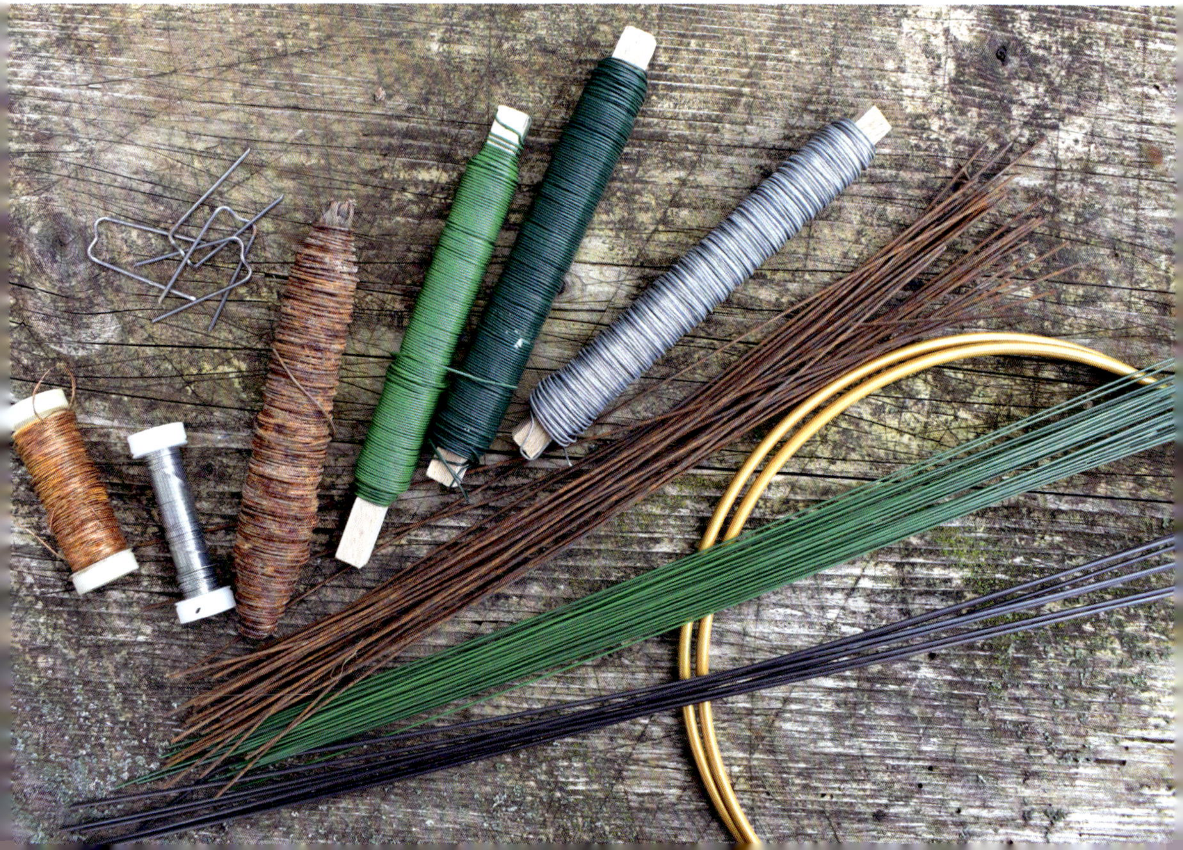

# GRUNDLAGEN UND TIPPS ZUM DEKORIEREN

**Tannengrün, Kerzenschein, Sterne und Glöckchen – es gibt Deko-Elemente, die sind einfach klassisch für die Adventszeit. Wie man diese am besten zur Geltung bringt und stimmig arrangiert, erkläre ich dir hier.**

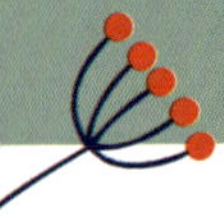

## Typische Stilelemente finden

Ich dekoriere gerne mit Antiquitäten und habe mittlerweile ein großes Sammelsurium an schönen alten Gegenständen, die sich wunderbar als Pflanzentöpfe, Tischlein oder besonderer Blickfang eignen. Für die Weihnachtszeit passen beispielsweise ein Paar alter Skier, ein antiker Holzschlitten oder ausrangierte Schlittschuhkufen. Auch Glocken und Sterne in verschiedenen Größen und Materialien fügen sich schön in weihnachtliche Deko-Arrangements ein. Zudem kombiniere ich meist mit alten Kisten, Weinballons, Eisenstäben und Zinktöpfen, diese finden bei mir fast zu jeder Jahreszeit Verwendung. Solche Dinge findet man oft günstig auf Flohmärkten, über Internetportale oder gar auf dem eigenen Dachboden. Es lohnt sich also immer, die Augen nach interessanten Deko-Objekten offen zu halten.

Nicht zu vergessen in der dunklen Jahreszeit sind alte Laternen, Windlichter und andere Lichtgefäße für Kerzen. Diese dürfen im Advent auf keinen Fall fehlen. Neben den in allen Varianten erhältlichen Laternen stelle ich gern alte Einmachgläser in verschiedenen Größen als Windlichter auf und dekoriere deren Rand mit Hagebutten, Reisig oder einem kleinen Stern. Diese können an verschieden Stellen im Garten platziert werden und geben ihm in der Dunkelheit eine zauberhafte Atmosphäre.

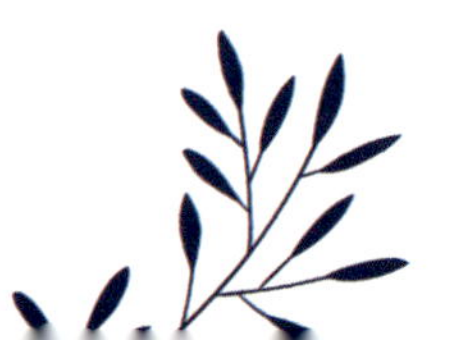

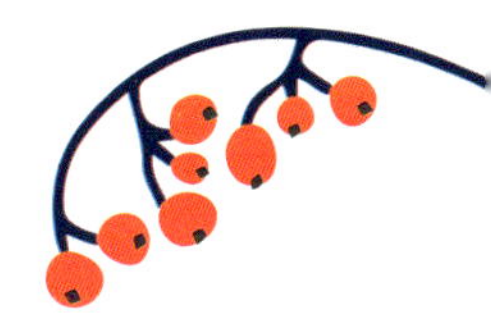

## Materialien auswählen und kombinieren

Je nach Stilrichtung können die Farben, Texturen und Materialien der einzelnen Deko-Elemente angepasst und aufeinander abgestimmt werden. Töpfe können in unterschiedlichsten Formen verwendet werden, wenn diese die gleiche Farbe haben und so eine Einheit entsteht. Generell halte ich mich an einen einheitlichen farblichen Grundton.

Entscheide ich mich beispielsweise für Gefäße aus Zink, in denen ich Pflanzen anordne, wird der Rest des Arrangements darauf abgestimmt: Anhänger aus Zink, eher graugrüne Pflanzen und maximal eine farbliche Komponente. Dadurch wirkt das Ensemble ruhiger und stimmiger.

Tontöpfe dagegen wirken zum Beispiel in Kombination mit rostigen Objekten und Hagebutten warm und rustikal. Sattes Tannengrün bringt, in Holzkisten ausgelegt, einen frischen Farbklecks in den winterlichen Garten. Ein Korb mit Tannenzapfen, Kisten mit Zimtstangen, ein Mistelzweig an einem rostigen Haken – mit wenig Aufwand lässt sich leicht eine weihnachtliche Stimmung erzeugen.

Mein Tipp ist: Einfach ausprobieren und für sich selbst herausfinden, was zum eigenen Geschmack passt.

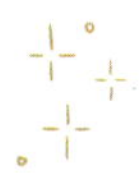

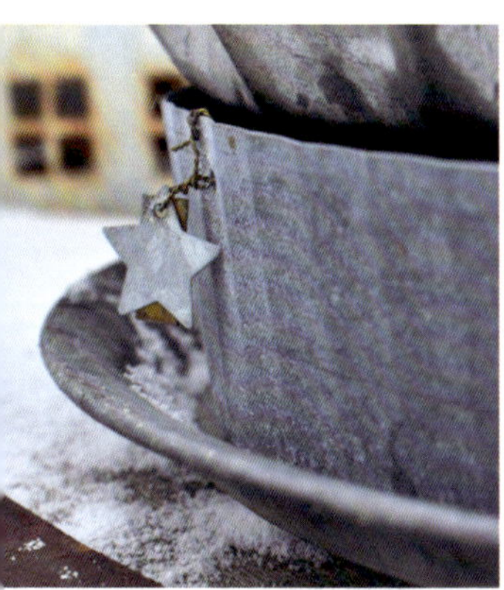

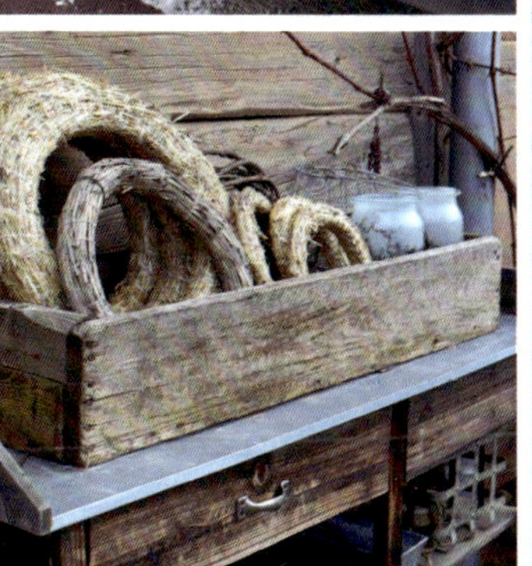

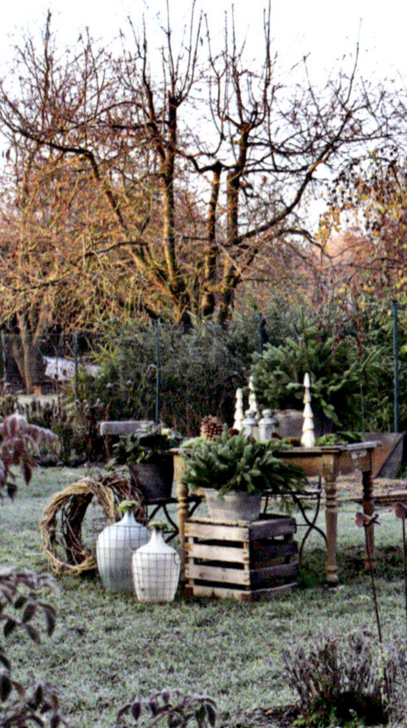

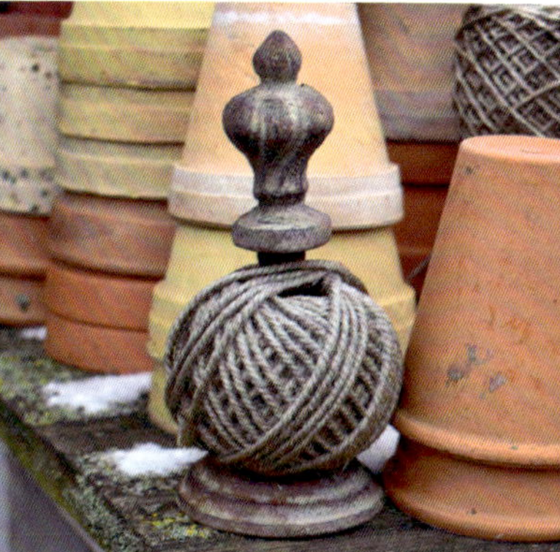

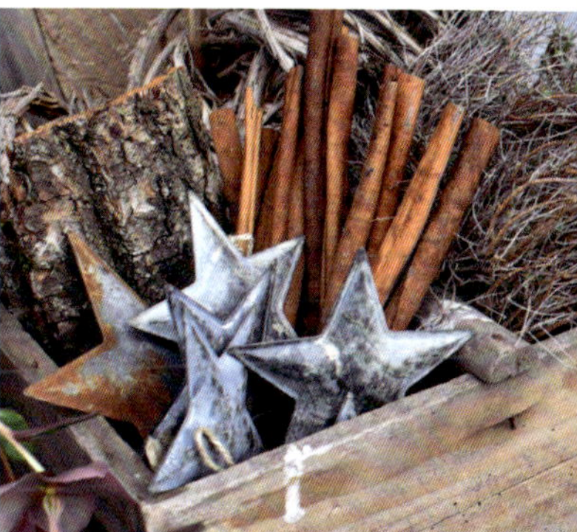

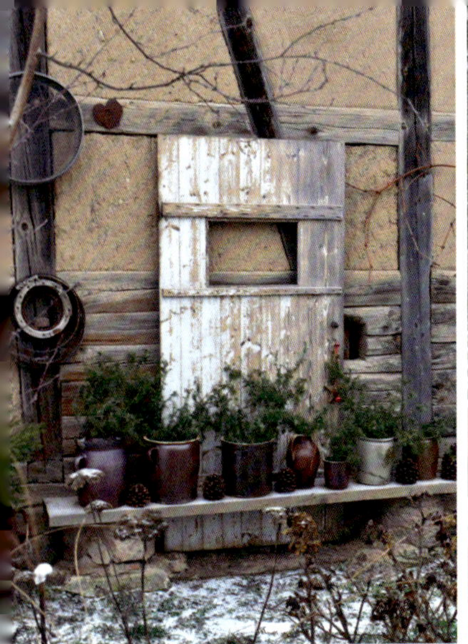

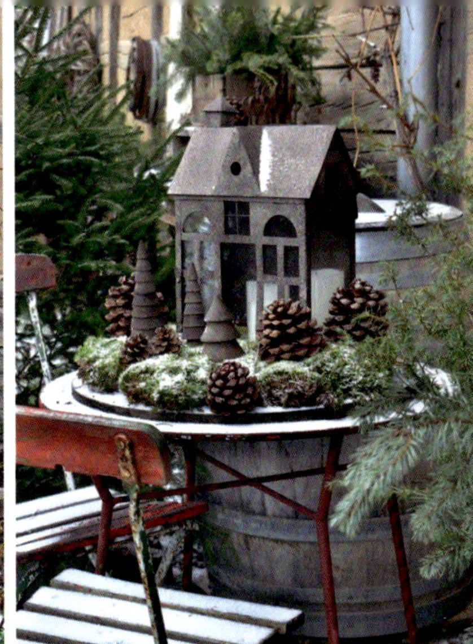

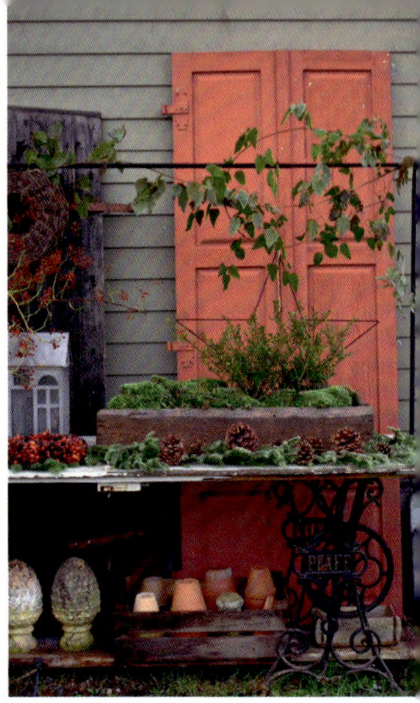

## Aufbau und Anordnung

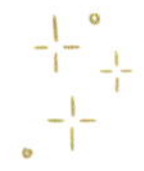

Egal ob auf einem Tisch, im Hauseingang oder im Garten: Für das stimmige und attraktive Arrangieren von Deko-Elementen gibt es ein paar Tricks und Kniffe.

Zunächst solltest du dir den Ort, den du dekorieren möchtest, genau ansehen: Wie viel Platz steht dir zur Verfügung und wie sind die Lichtverhältnisse?

Beim Aufstellen der Deko gilt die Faustregel: Die größeren Objekte kommen in den Hintergrund, die kleineren in den vorderen Bereich – und dann wird ausprobiert. So stelle ich beispielsweise im Vorfeld meine Dekoration im Eingangsbereich einmal kurz auf und schiebe die noch nicht bepflanzten Töpfe an ihre Position.

Zwei Schritte zurückgehen und alles einmal aus der Ferne betrachten: Tut sich noch irgendwo eine Lücke auf? Verdeckt ein Gegenstand einen anderen? Oder wirkt es gar zu voll? Dann probiere etwas anderes aus. Manchmal kommt noch ein kleiner Hocker dazwischen oder der Schlitten wird nicht an die Wand gelehnt, sondern als Ablage für eine Laterne auf die Kufen gestellt.

Achte darauf, dass der Material- und Farbenmix nicht zu „wild" ist, sondern dass ein stimmiges und ruhiges Gesamtbild entsteht. Das gilt auch für die verwendeten Pflanzen. Je nach Größe des Arrangements sollten nicht zu viele unterschiedliche Pflanzen verwendet werden. Ich beschränke mich in der Regel auf maximal vier verschiedene.

Im Garten ist das sogar noch etwas unkomplizierter. Denn hier geben die bestehenden Gehölze und Staudengerüste bereits eine gewisse Kulisse vor. Laternen hängen oder stehen sichtbar dazwischen. Gefäße und Deko-Elemente werden je nach Platz und Größe daneben oder mittenrein arrangiert. So belebst du mit Dekoration deinen Garten, ohne ihm die Schau zu stehlen.

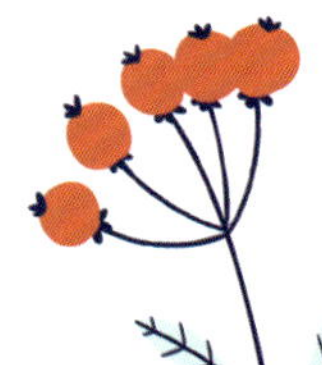

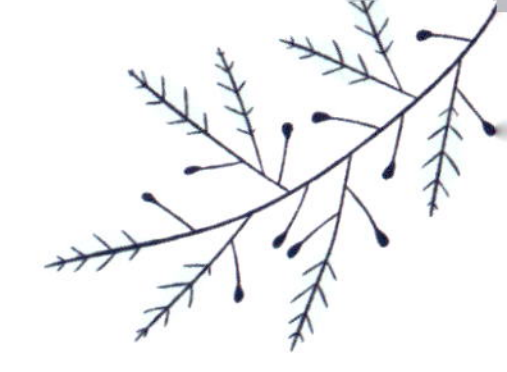

## Der Weihnachtsbaum

Nicht nur aus den eigenen vier Wänden ist der festlich geschmückte Weihnachtsbaum in der Adventszeit nicht mehr wegzudenken – nein, er gehört auch in den Garten. Je nach Platz kannst du einen oder mehrere Bäume im Garten aufstellen. Der Handel bietet Christbäume in den verschiedensten Größen an. Die kleinen Bäumchen im Topf wirken in Gruppen aufgestellt sehr dekorativ, die großen Bäume ohne Topf sollten unbedingt ordnungsgemäß befestigt werden.

Für die vorweihnachtliche Beleuchtung im Garten benötigt man eine entsprechende wetterfeste Außenbeleuchtung. Die Kerzengröße solltest du immer in Abhängigkeit von der Größe des Baums wählen. Kleine LED-Lichter wirken an kleinen Bäumen schöner. Ein großer Weihnachtsbaum kann mit großen Lichterkerzen geschmückt werden.

Natürlich kann auch ein Weihnachtsbaum im Außenbereich geschmückt werden. Achte dabei darauf, die Dekoration aufeinander abzustimmen und dem Stil des Gartens oder Hauses anzupassen. Für die Schmuckanhänger brauchst du wetterfestes Material, dem Schnee und Nässe nichts anhaben können. Lass dich von deinem Garten inspirieren und dekoriere mit Naturmaterialien wie:

- mit einem Juteband verzierte Zapfen zum Aufhängen
- getrocknete Lampionblumen
- kleine Blumentöpfe als Glocken
- Äpfel
- Schleifen auf den einzelnen Ästen
- Zimtstangen, zu kleinen Paketen zusammengeschnürt
- Glocken, Sterne und Herzen aus Zink oder Eisen

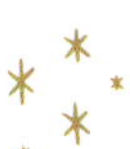

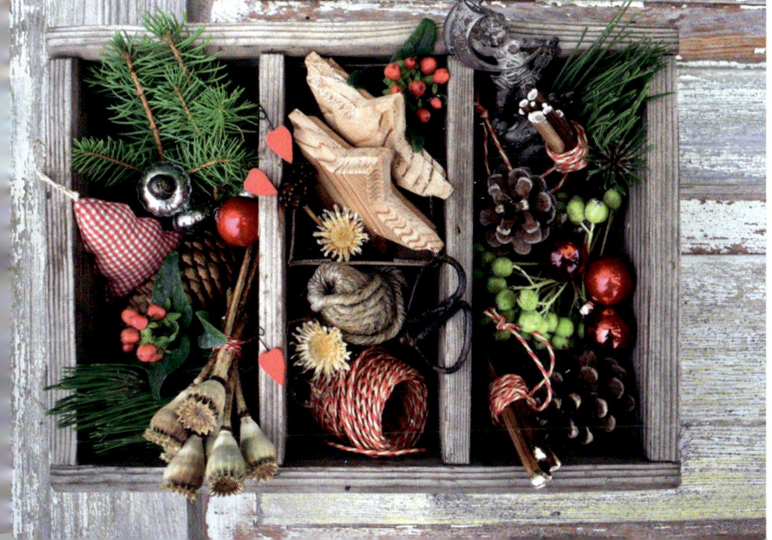

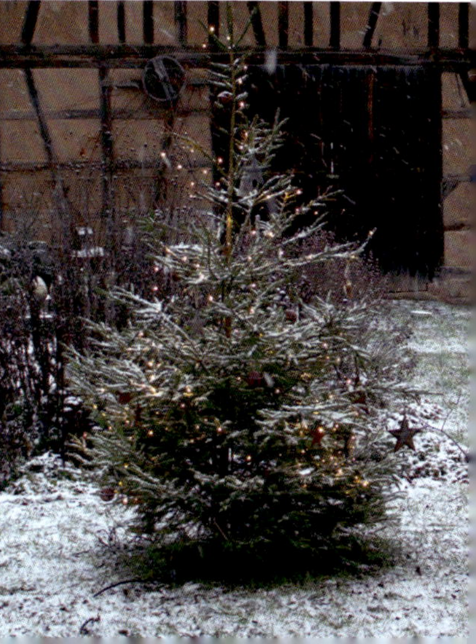

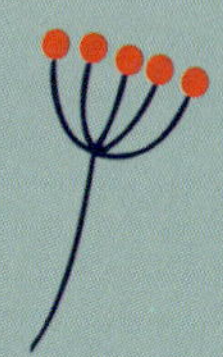

WER MICH GANZ KENNENLERNEN WILL,
MUSS MEINEN *Garten*
KENNEN, DENN MEIN GARTEN
IST MEIN *Herz.*

**Hermann Fürst von Pückler-Muskau**

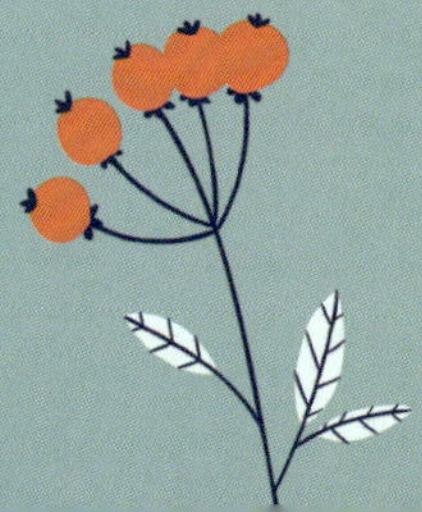

1

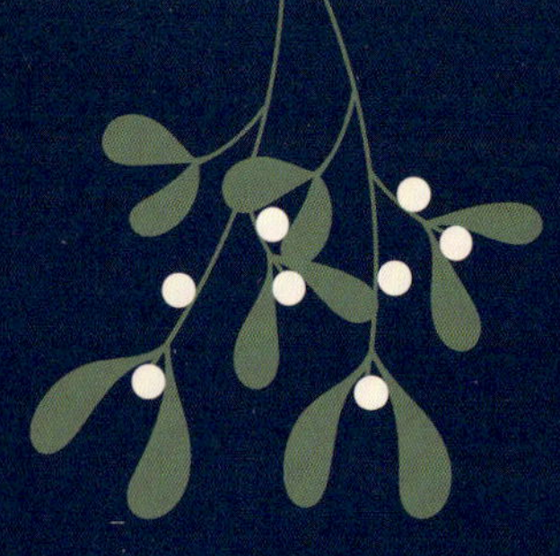

DIE HOHEN TANNEN ATMEN HEISER

IM *Winterschnee,*

UND BAUSCHIGER SCHMIEGT SICH

SEIN GLANZ UM ALLE *Reiser.*

Rainer Maria Rilke

2

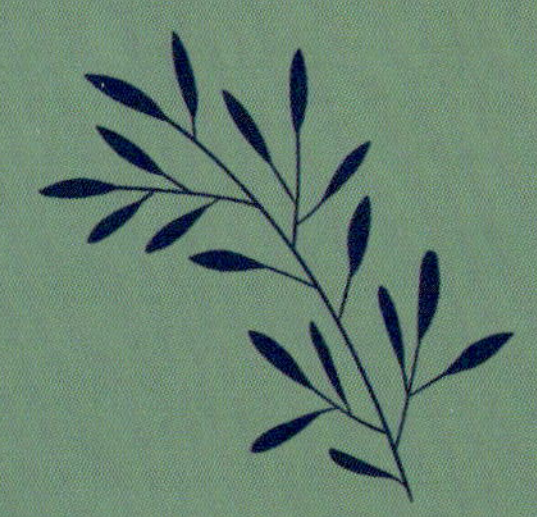

IMMER
EIN *Lichtlein*
MEHR IM *Kranz*,
DEN WIR GEWUNDEN.

Matthias Claudius

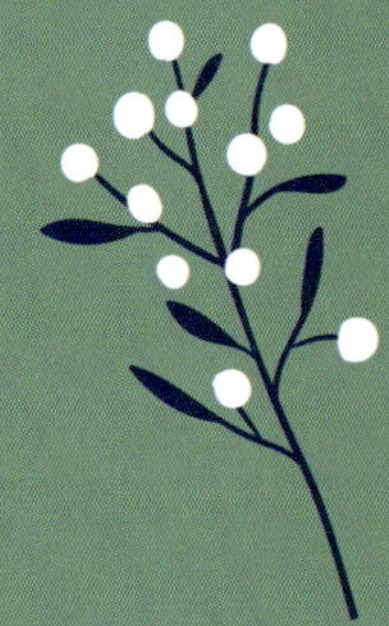

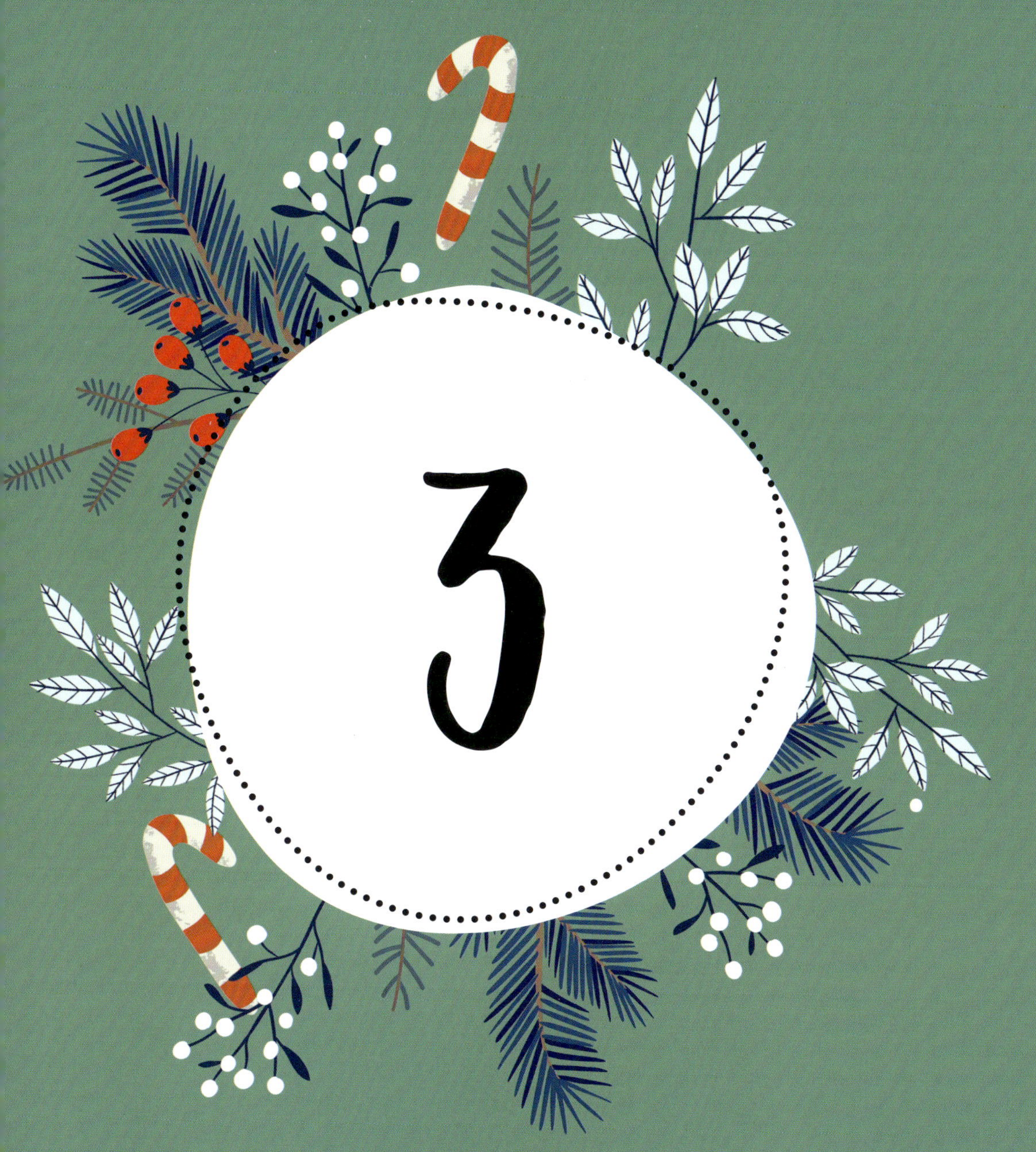
3

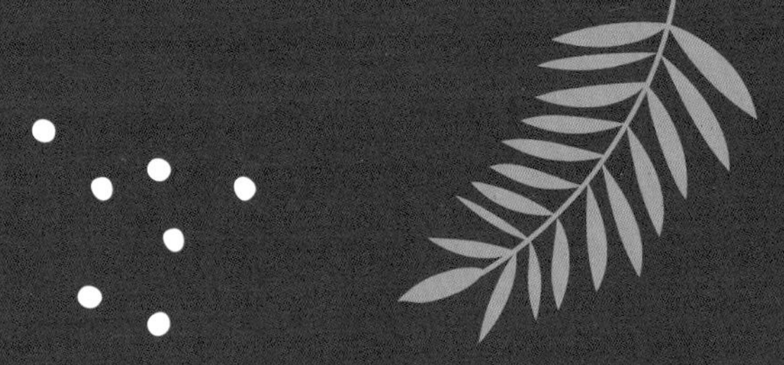

ABER TANNEN, *Engel*, FAHNEN
LASSEN UNS DEN TAG SCHON AHNEN
UND WIR SEHEN SCHON DEN *Stern*.

Theodor Storm

4

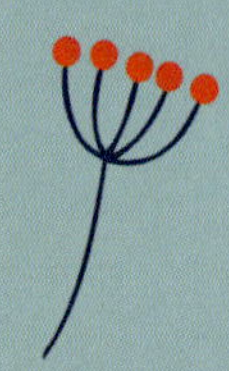

GEH' IN DEN *Garten*
UND HÖRE AUF DIE STILLE ZWISCHEN DEN
*Geräuschen*:
DAS IST DIE WAHRE MUSIK DER NATUR.

**Volksweisheit**

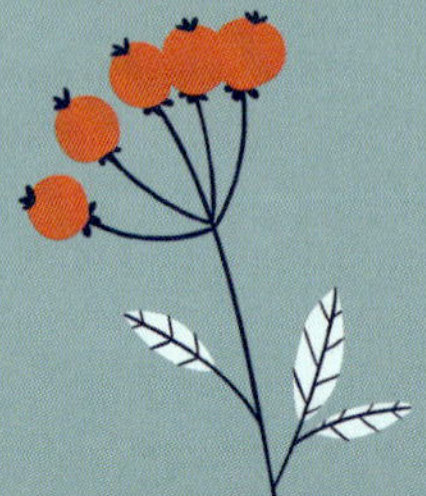

5

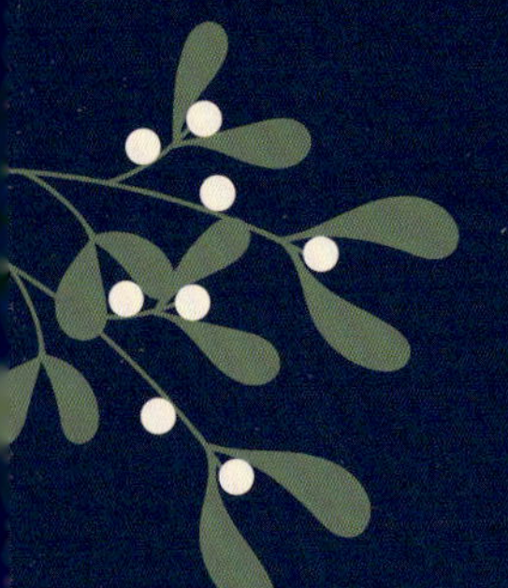

NUN STELLT EURE SCHUH'
ZUM FENSTER 'RAUS,
ES KOMMT DER *heilige*
*Nikolaus!*
DER LEGT EUCH IM
SILBERNEN STERNENSCHEIN
GEHEIM DIE LECKERSTEN
*Gaben* HINEIN.

Franz Josef Zlatnik

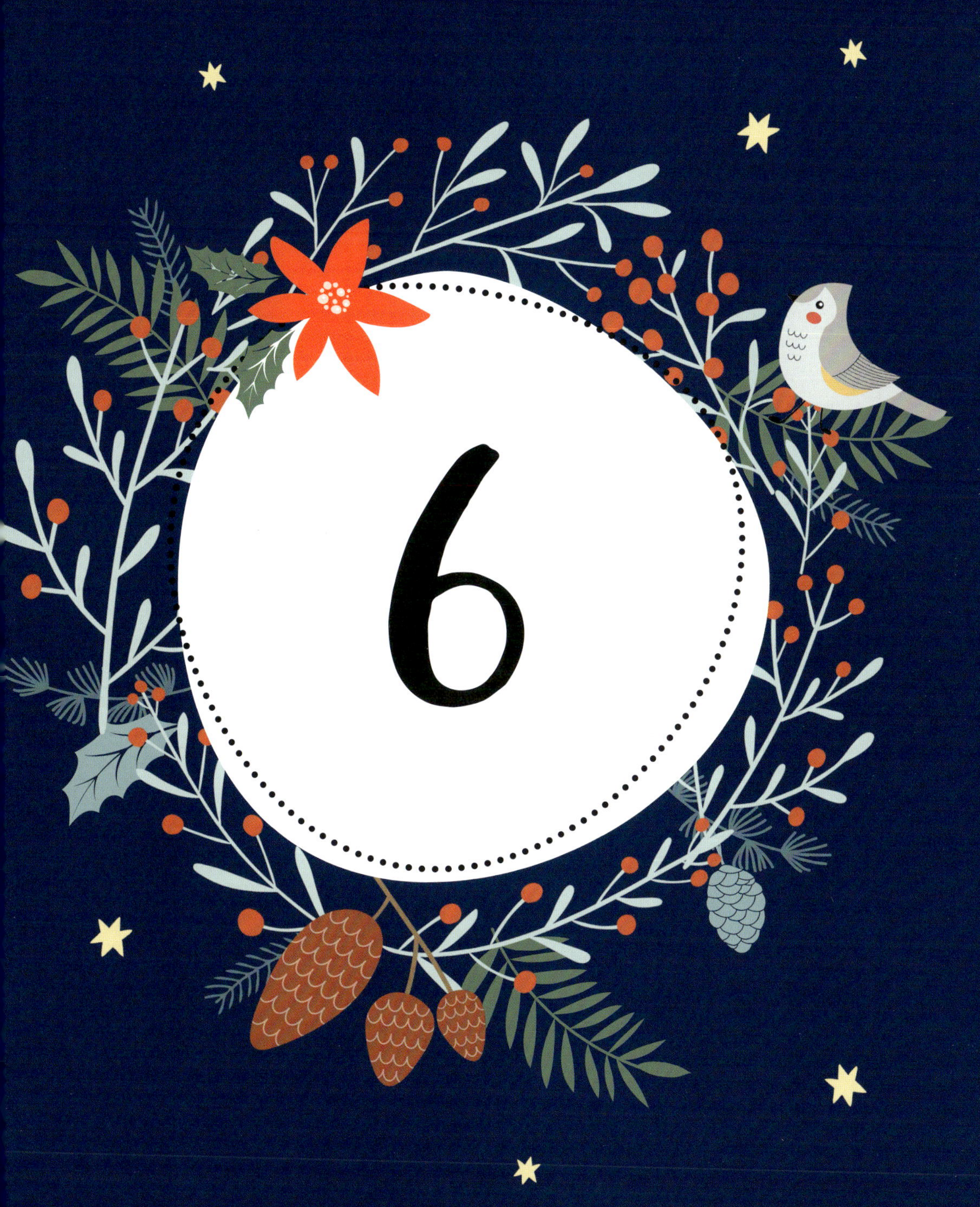
6

EIN GARTEN KANN EINE
*Welt für sich* WERDEN,
DABEI IST GANZ GLEICH,
OB DIESER GARTEN
GROß ODER KLEIN IST.

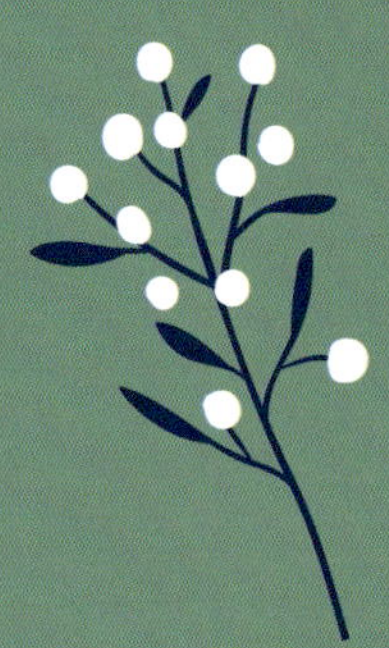

Hugo von Hofmannsthal

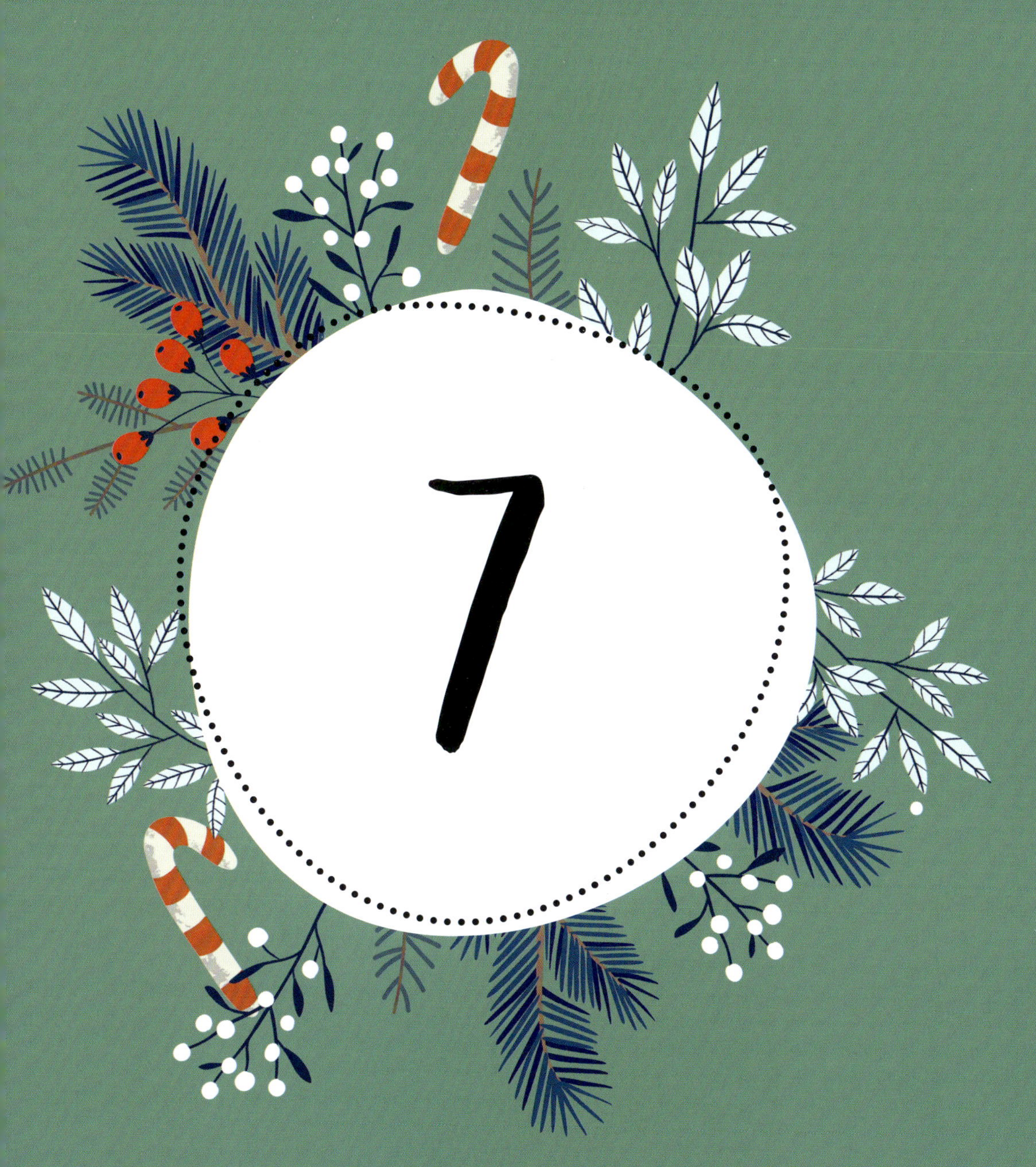
7

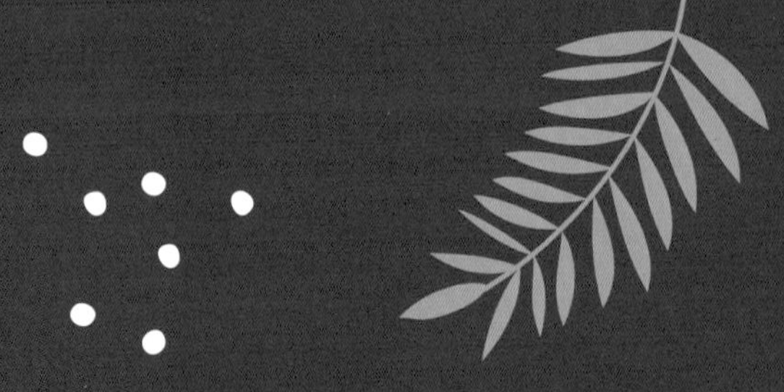

HAUS AN HAUS MIT *hellem Schein*

FLAMMEN AUF DIE KERZEN,

*durch die Augen* FÄLLT HINEIN

LICHT AUCH IN DIE *Herzen*.

Johannes Trojan

8

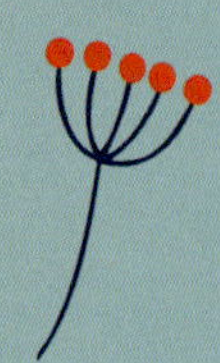

UNENDLICH BLAU.

GEWEIHTE NACHT.

UND IMMER FÄLLT DER

*Schnee*

IN ZARTEN STERNEN.

Francisca Stoecklin

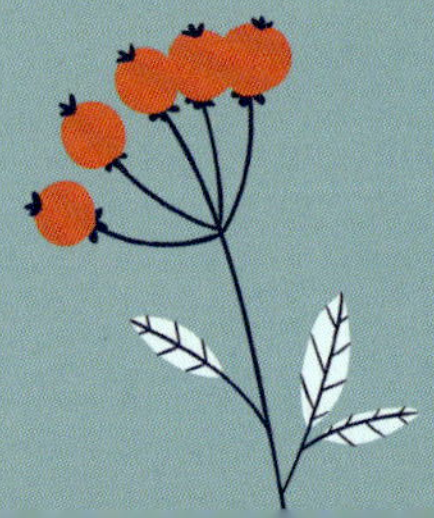

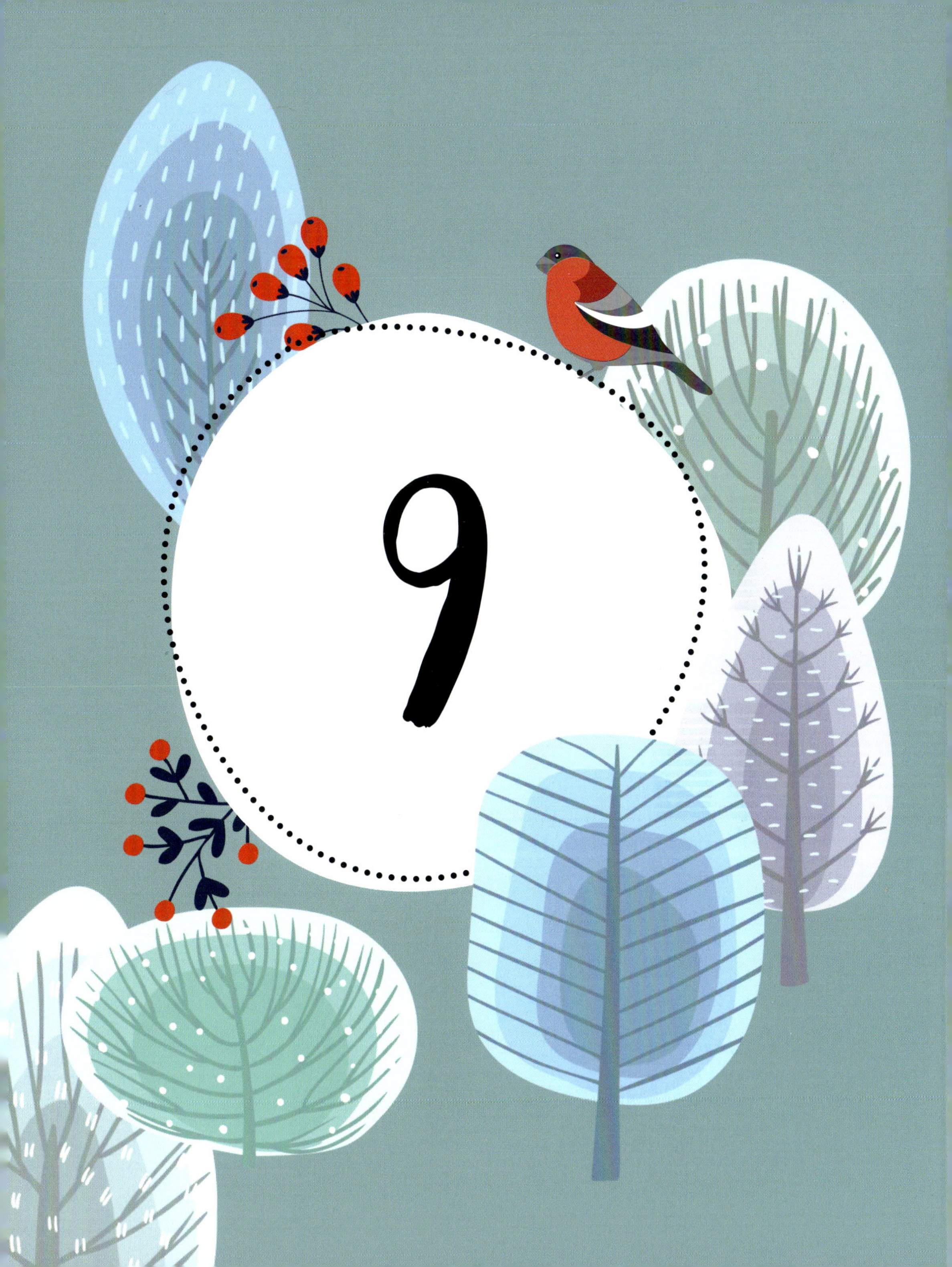
9

MARKT UND STRAẞEN STEH'N VERLASSEN,

STILL ERLEUCHTET

jedes Haus,

SINNEND GEH' ICH DURCH DIE GASSEN,

ALLES SIEHT SO

festlich AUS.

Joseph von Eichendorff

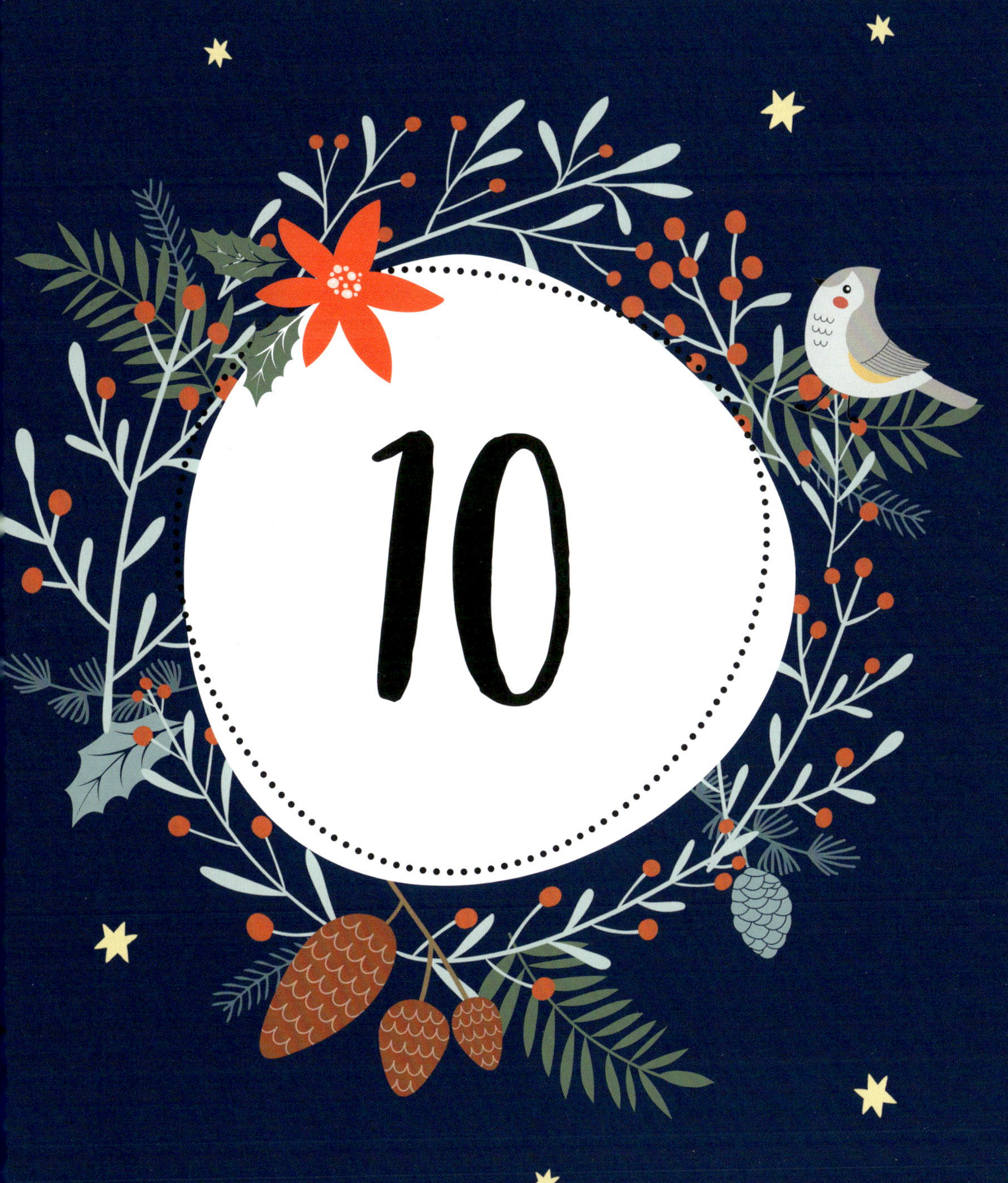
10

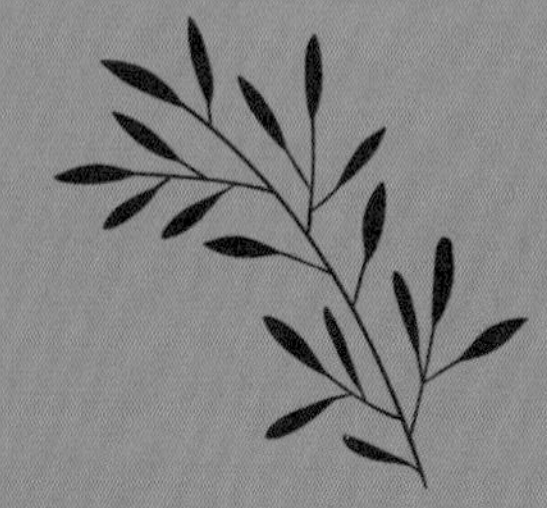

DIE PRACHT DER *Gärten* HAT STETS DIE *Liebe zur Natur* ZUR VORAUSSETZUNG.

Anne-Louise-Germaine de Staël

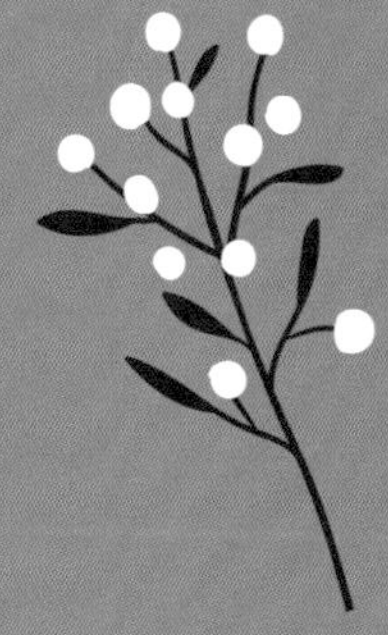

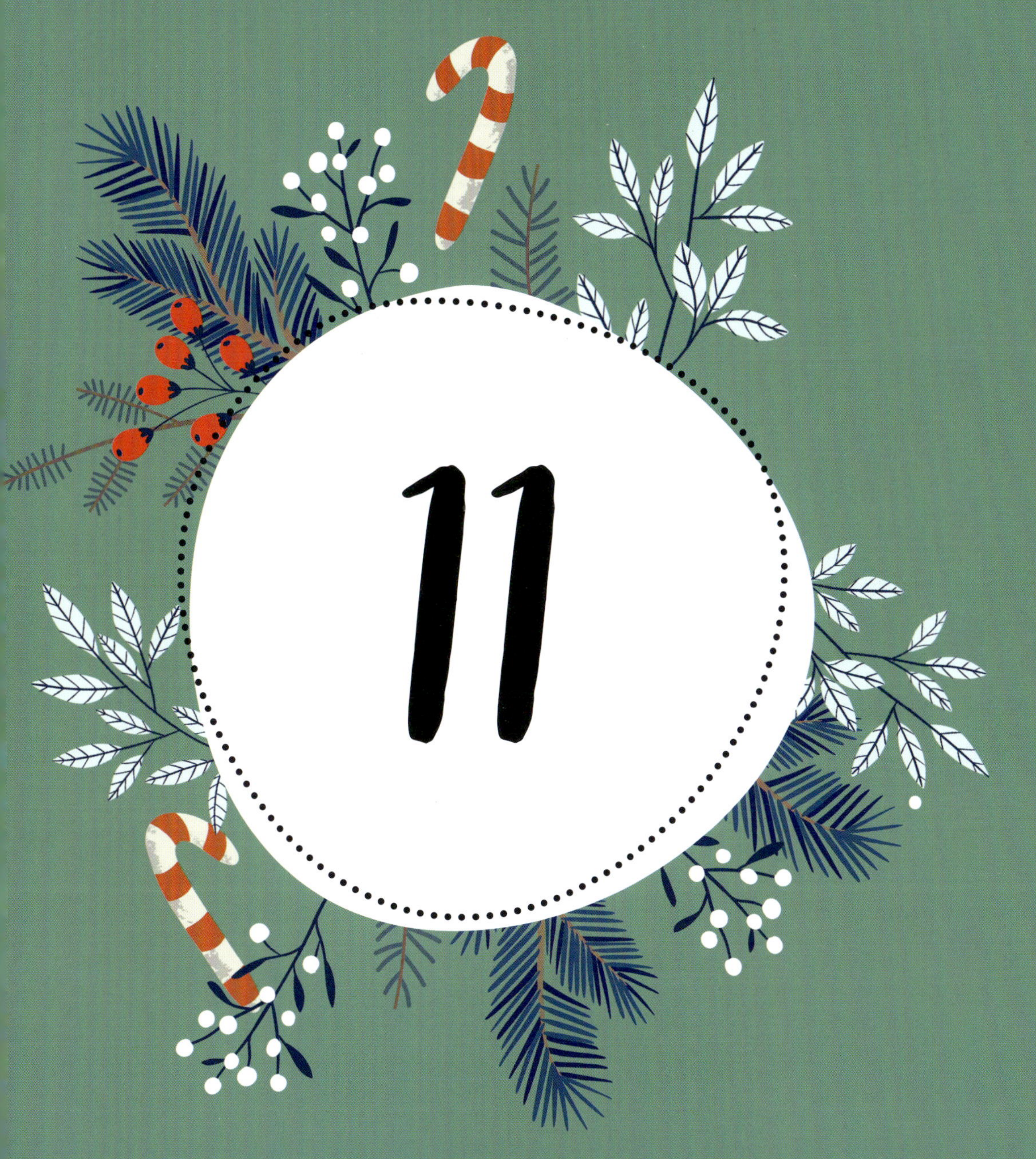
11

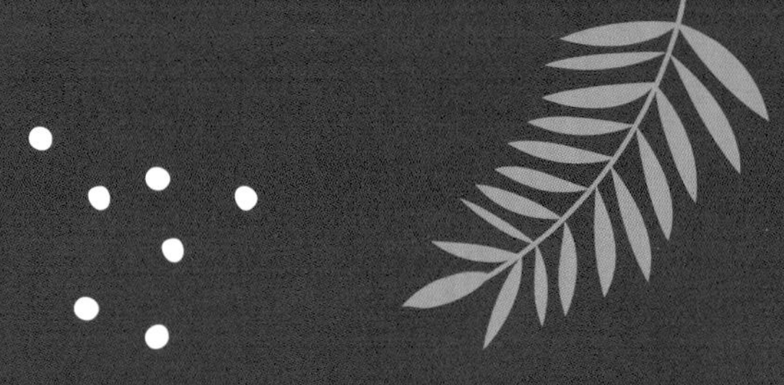

WARUM DENN
*warten*
VON TAG ZU TAG?
ES BLÜHT IM GARTEN,
WAS *blühen* MAG.

Klaus Groth

12

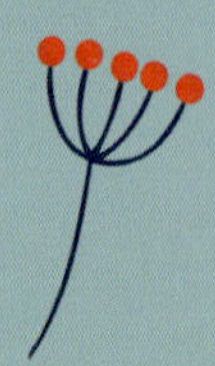

BLUMEN SIND

*das Lächeln*

DER NATUR. ES GEHT AUCH

OHNE SIE,

ABER *nicht so gut.*

Max Reger

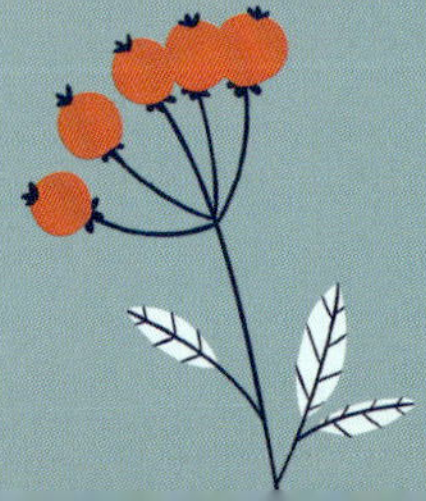

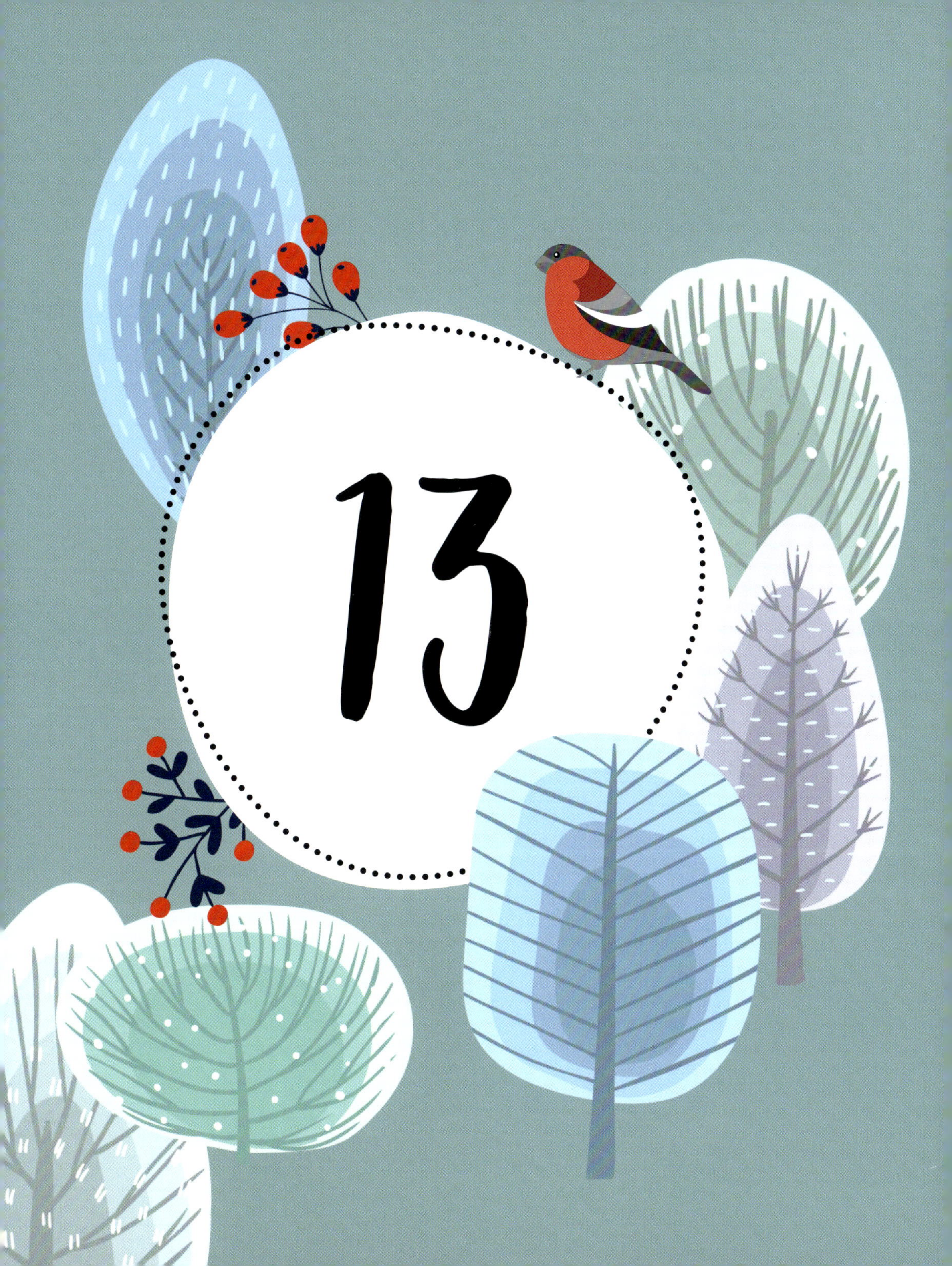
13

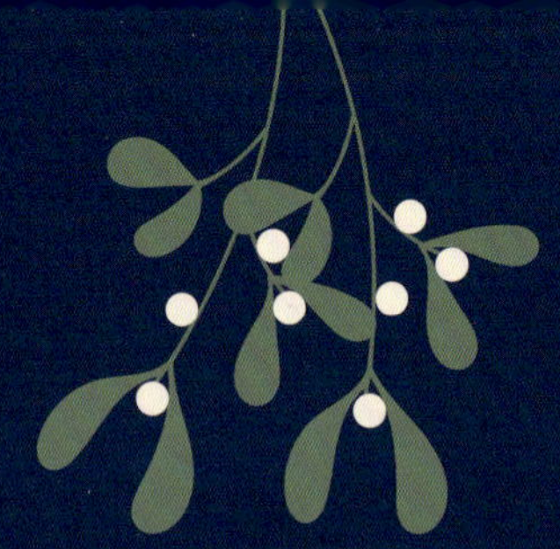

ADVENT UND WEIHNACHTEN IST WIE EIN *Schlüsselloch*, DURCH DAS AUF UNSREN DUNKLEN ERDENWEG EIN SCHEIN AUS DER *Heimat* FÄLLT.

Friedrich von Bodelschwingh

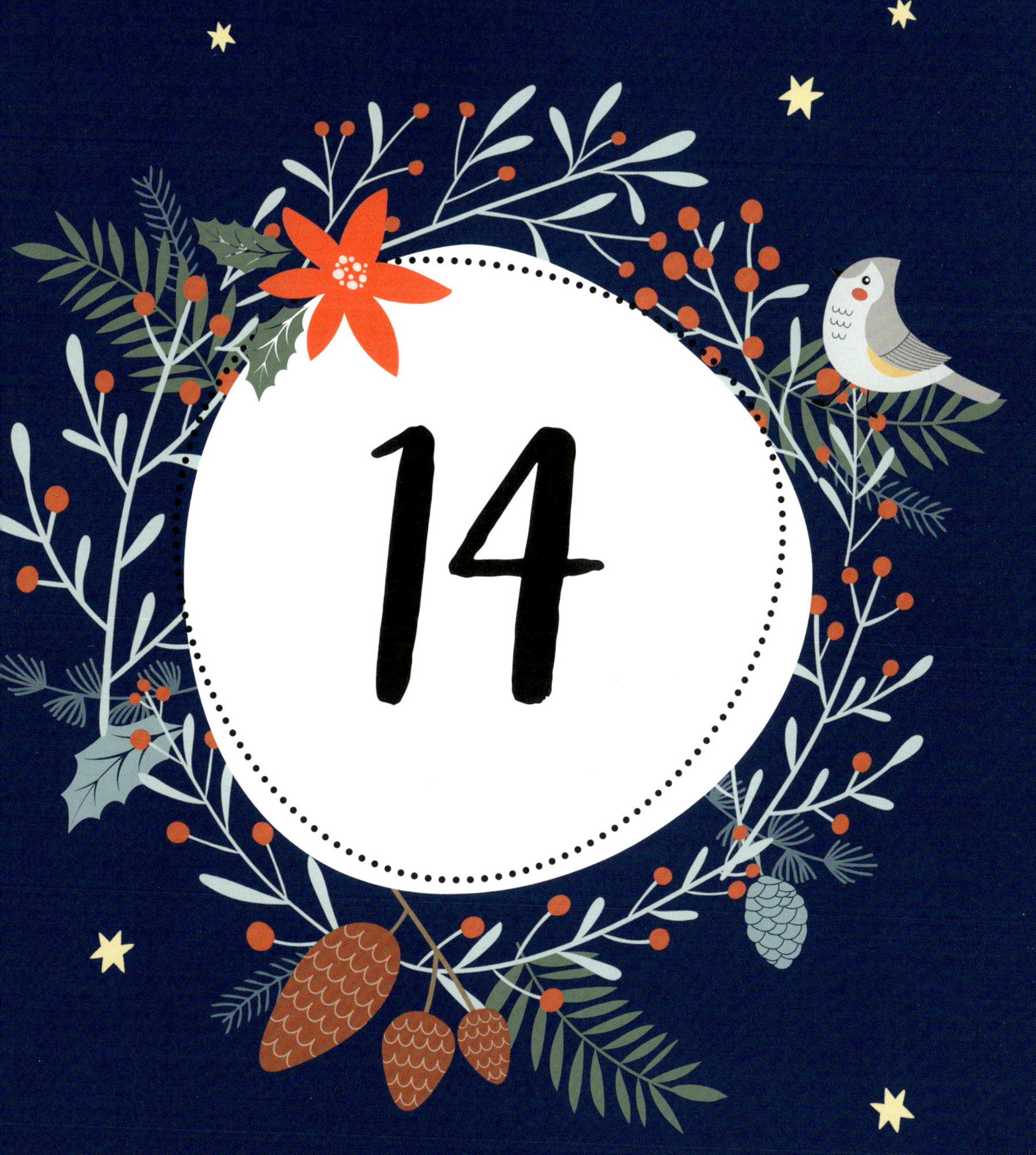
14

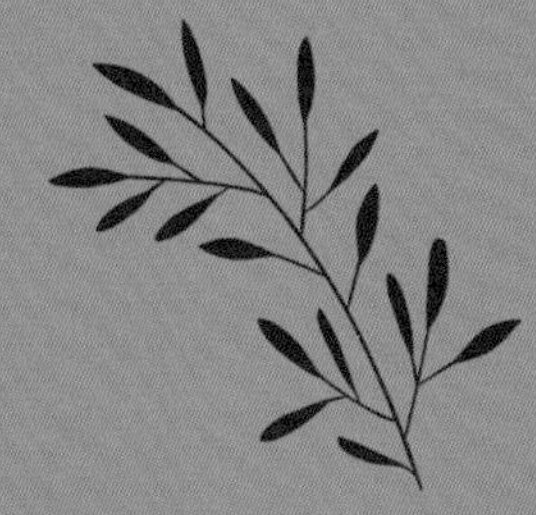

VON DRAUß' VOM *Walde*
KOMM ICH HER:
ICH MUSS EUCH SAGEN,
ES *weihnachtet* SEHR!

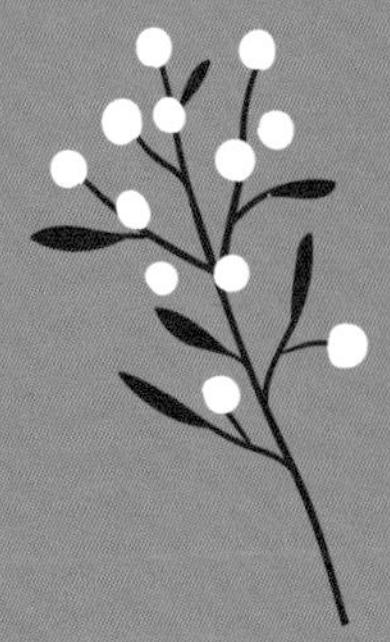

Theodor Storm

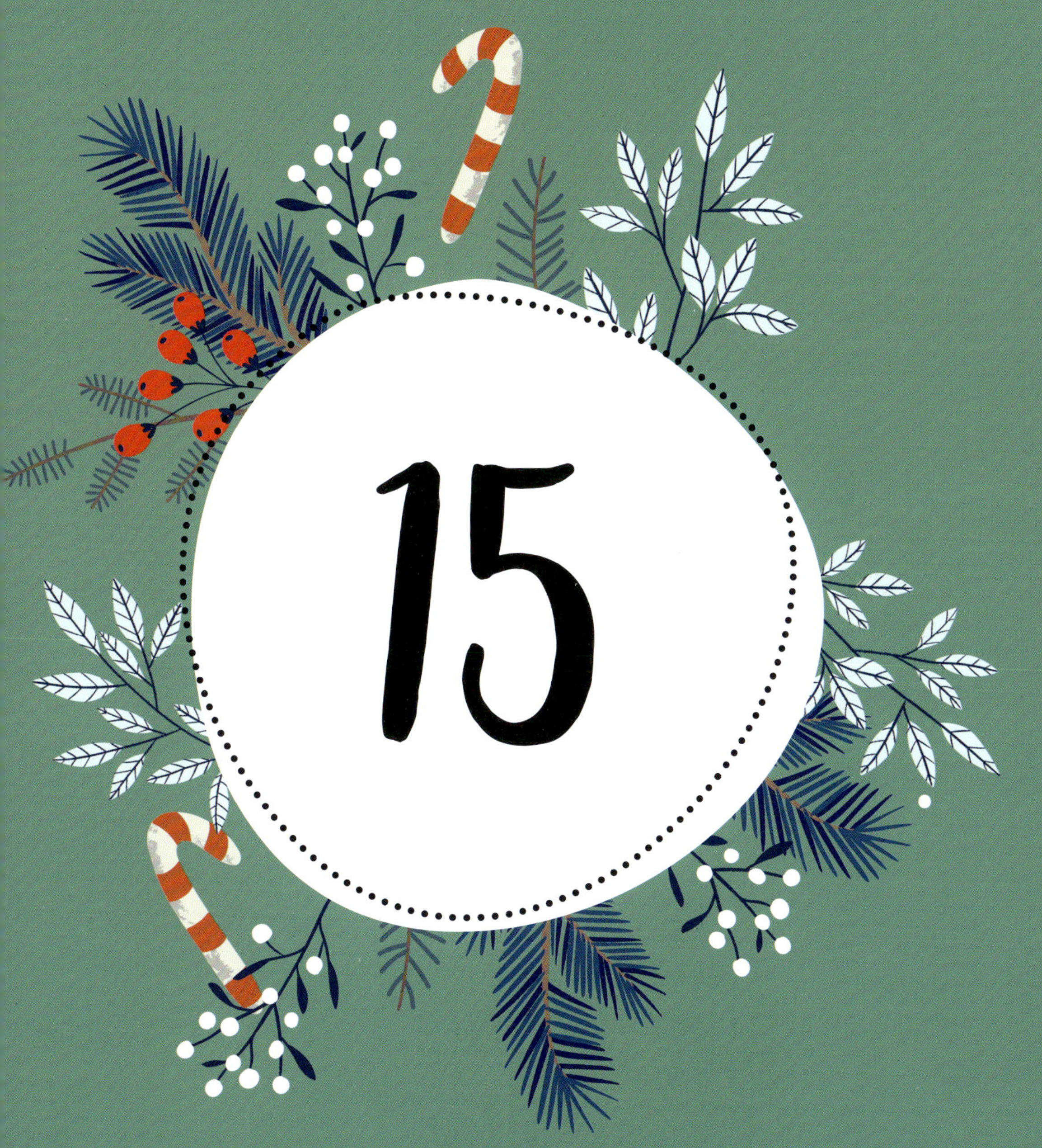
15

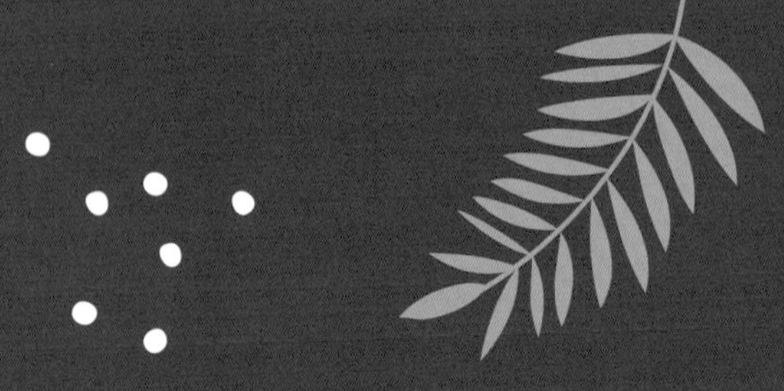

DIE BLUMEN
DES *Frühlings*
SIND DIE *Träume*
DES WINTERS.

Khalil Gibran

16

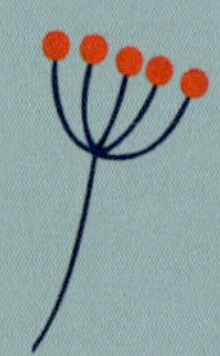

IM SCHNEE *verloren* DIE PFADE
UND TÜR UND TOR VERWEHT –
NUR DASS DER *Stern der Gnade*
NOCH LEUCHTEND AM HIMMEL STEHT!

Clara Müller-Jahnke

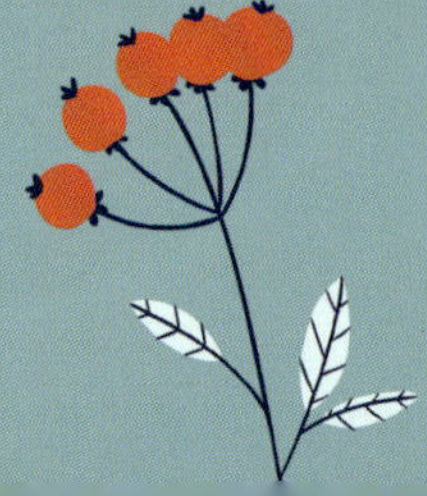

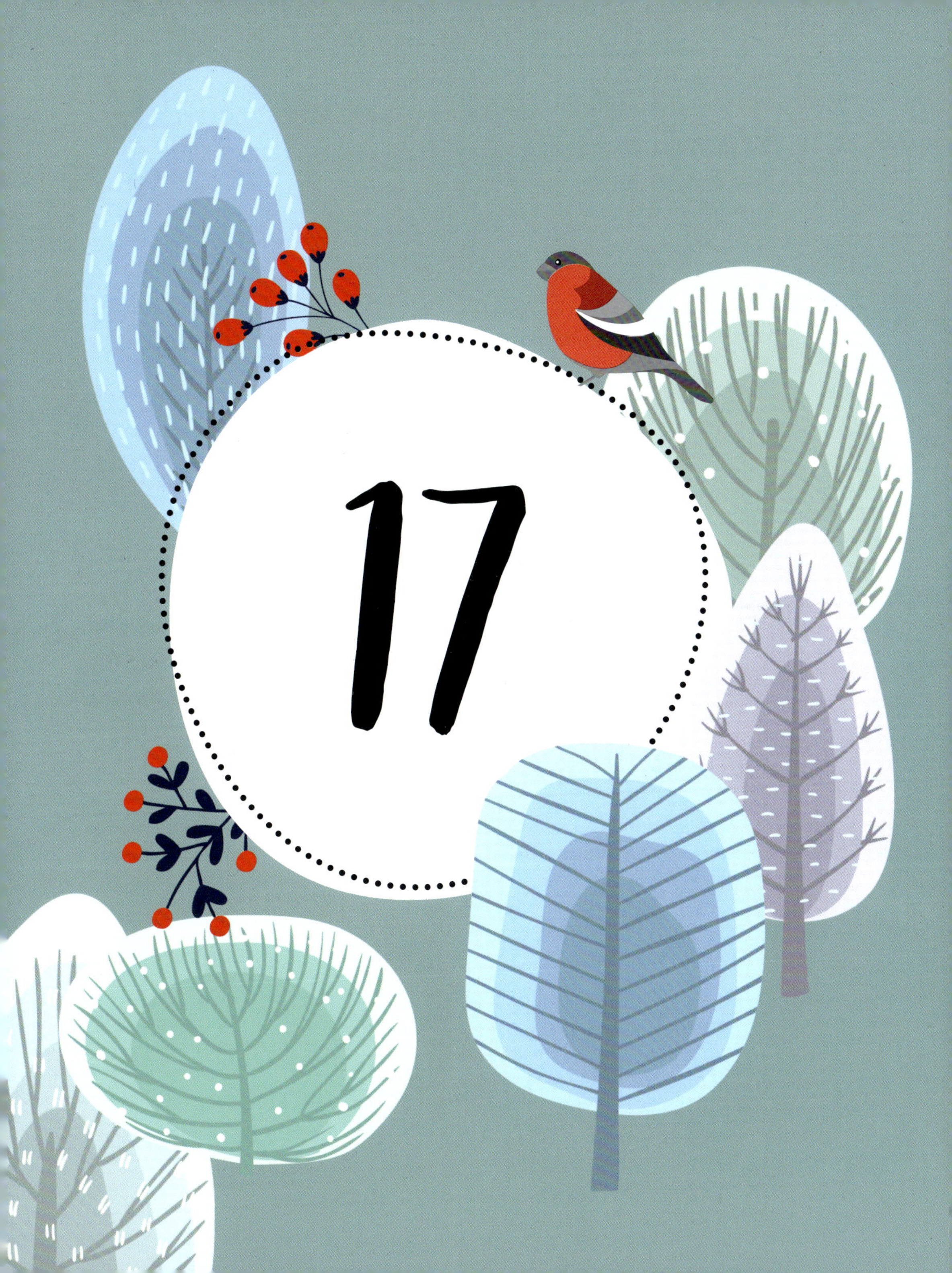
17

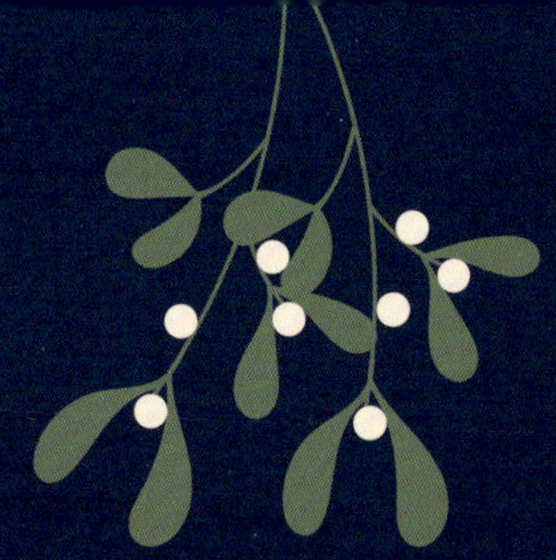

Sterne hoch
die Kreise schlingen,
aus des Schnees Einsamkeit
steigt's wie wunderbares
Singen –
o du gnadenreiche Zeit!

Joseph von Eichendorff

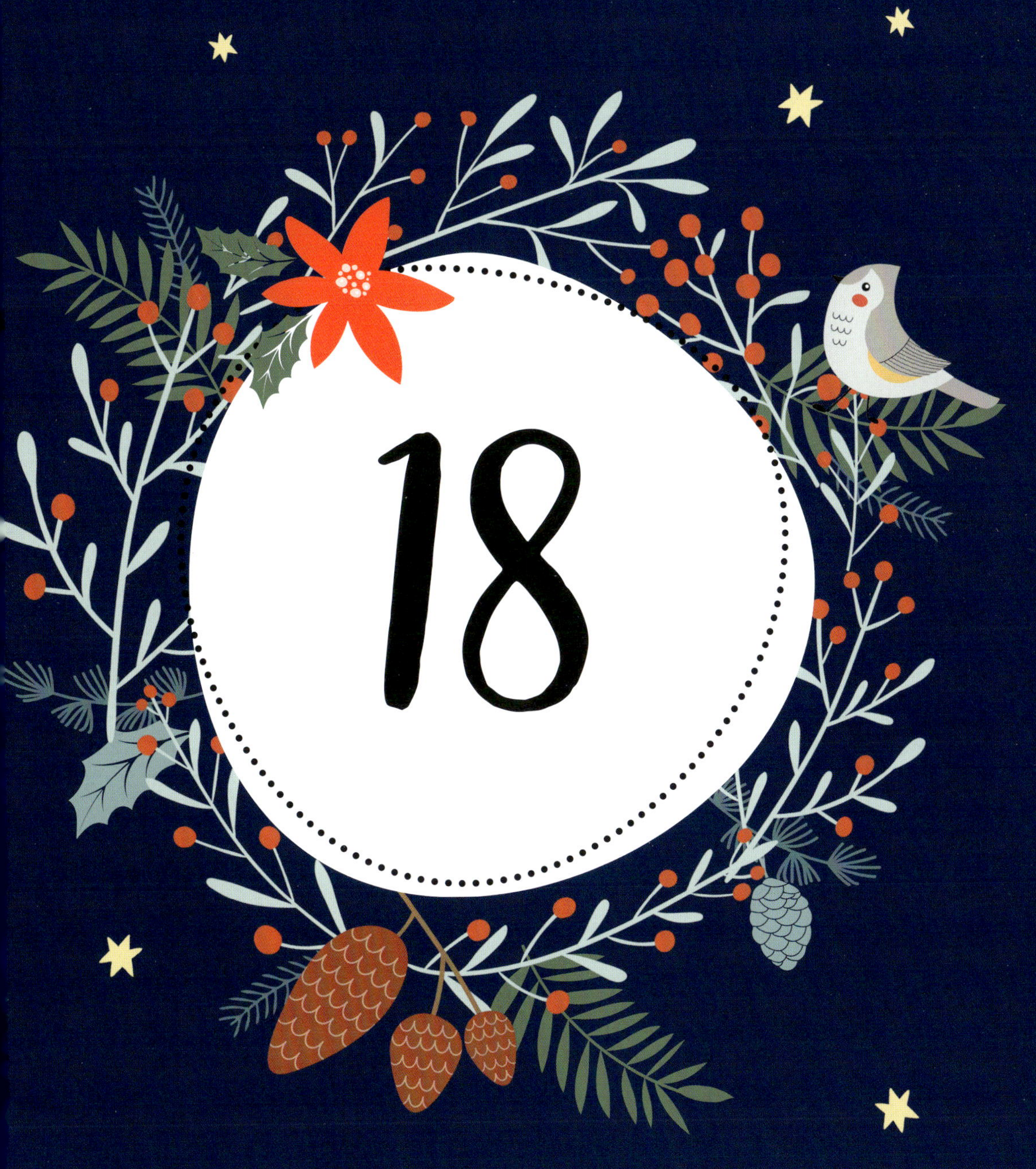
18

DIE MEISTEN MENSCHEN
WISSEN GAR NICHT,
WIE *schön* DIE WELT IST,
UND WIE VIEL PRACHT
IN DEN KLEINSTEN DINGEN,
IN IRGENDEINER *Blume*,
EINEM STEIN, EINER BAUMRINDE
ODER EINEM *Birken-*
*blatt* SICH OFFENBART.

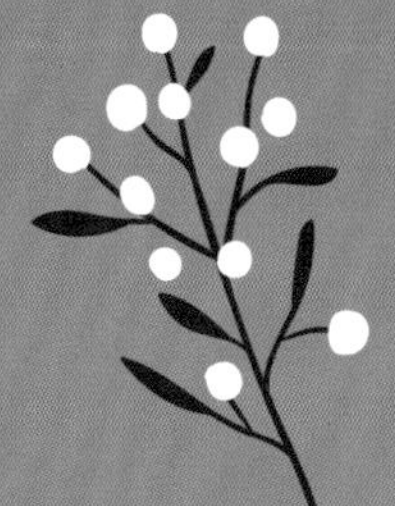

Rainer Maria Rilke

19

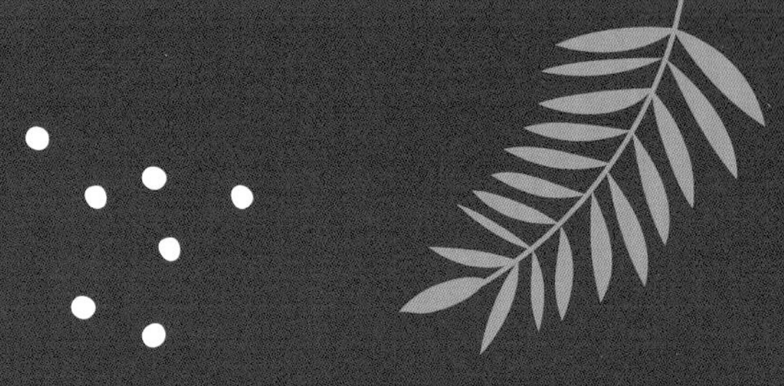

GANZ EINGERAHMT
*in weichem Flaum*
SIND HEUTE UNSRE SCHEIBEN,
ICH SEHE DURCH DIE LÜCKEN KAUM
DAS WIRRE *Flockentreiben.*

Ada Christen

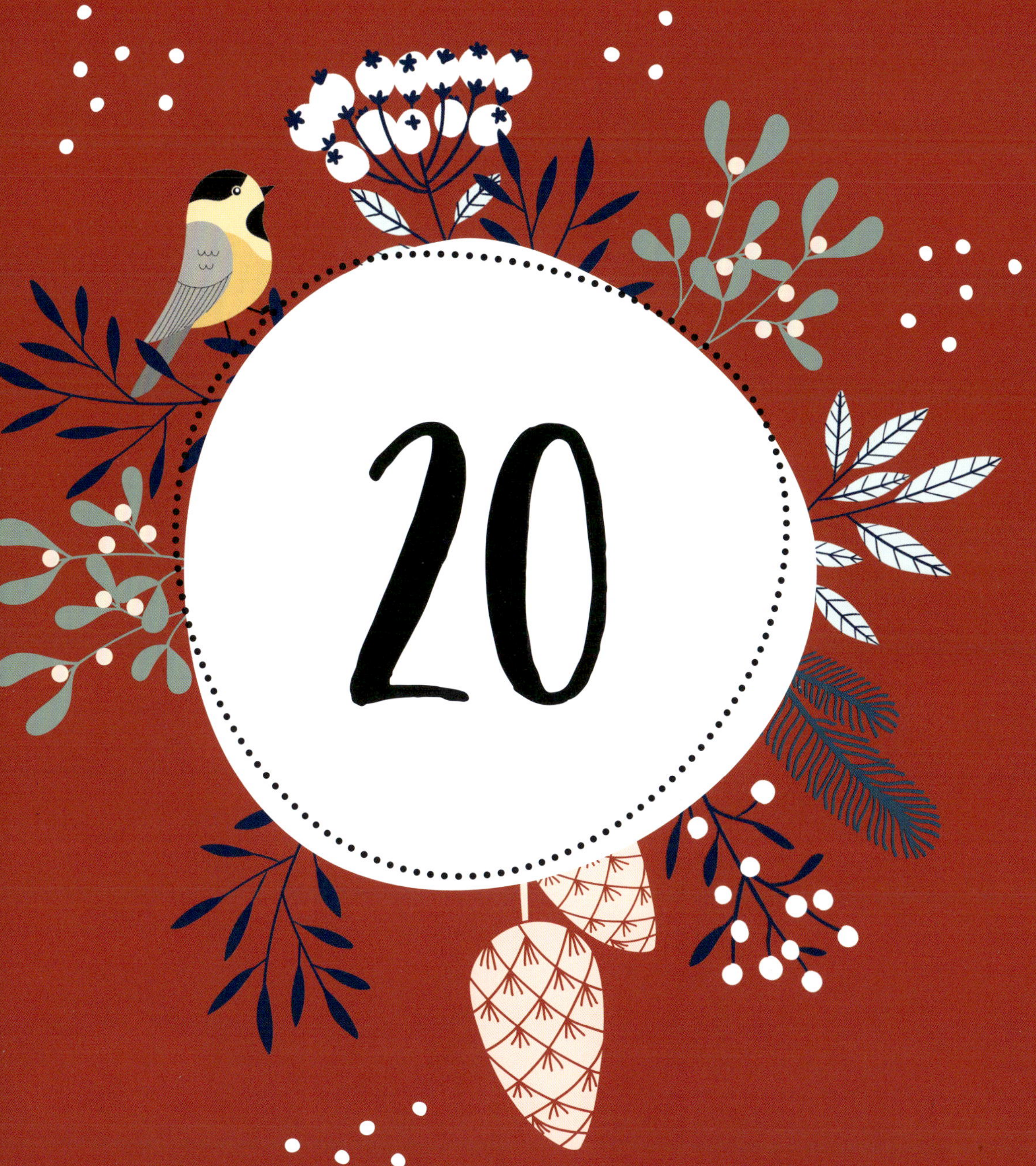
20

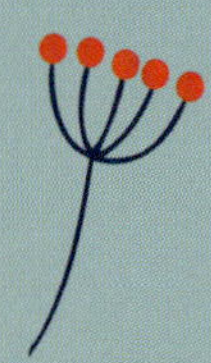

DIE Lichter,

DIE DEN CHRISTBAUM ZIEREN.

WIE STRAHLEN SIE IN JEDES

Herz.

Louise Otto-Peters

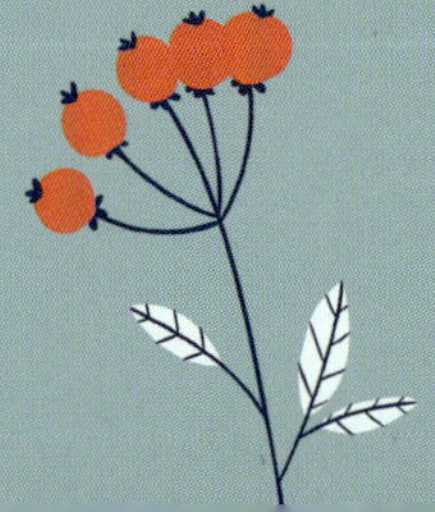

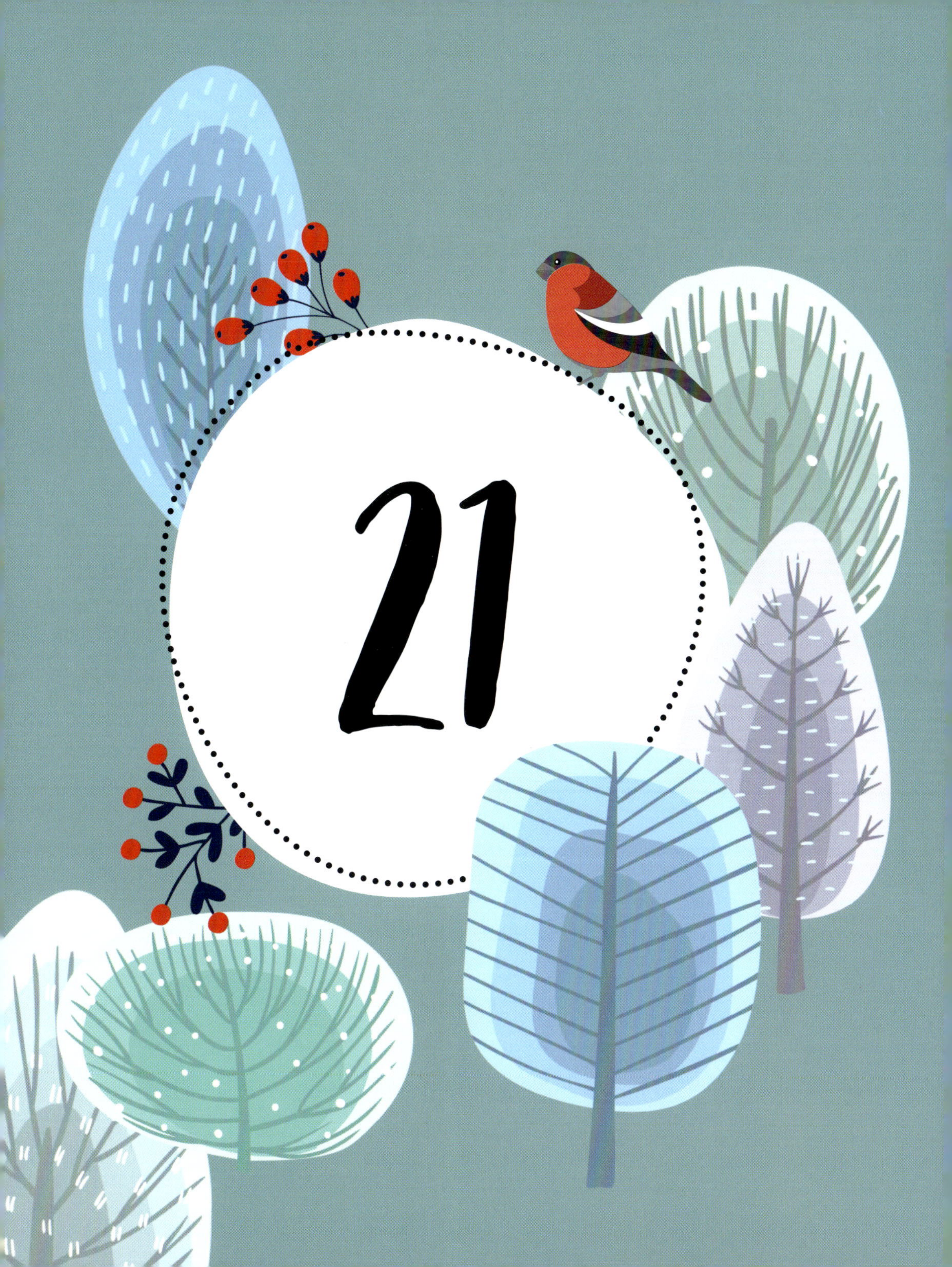
21

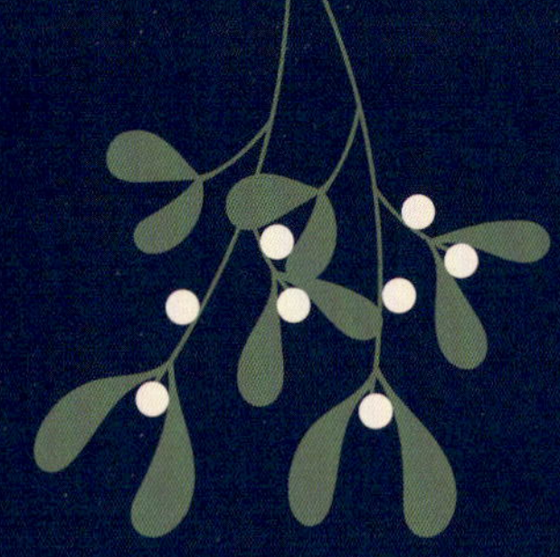

WIE SCHÖN GESCHMÜCKT DER
*festliche* RAUM!
DIE LICHTER FUNKELN AM
*Weihnachts-*
*baum!*
O FRÖHLICHE ZEIT! O SELIGER TRAUM!

Peter Cornelius

22

ES TREIBT DER *Wind*
IM WINTERWALDE
DIE FLOCKENHERDE WIE EIN HIRT,
UND MANCHE *Tanne* AHNT,
WIE BALDE SIE FROMM UND LICHTER-
HEILIG WIRD, UND LAUSCHT HINAUS.

Reiner Maria Rilke

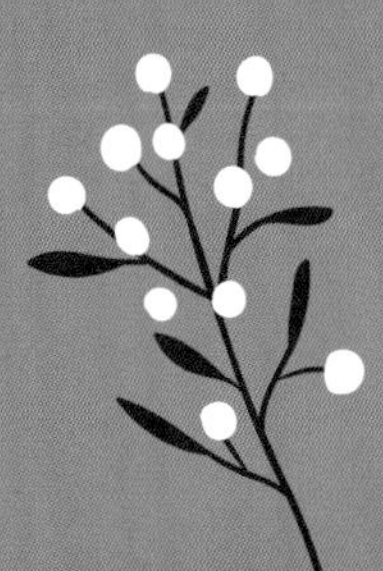

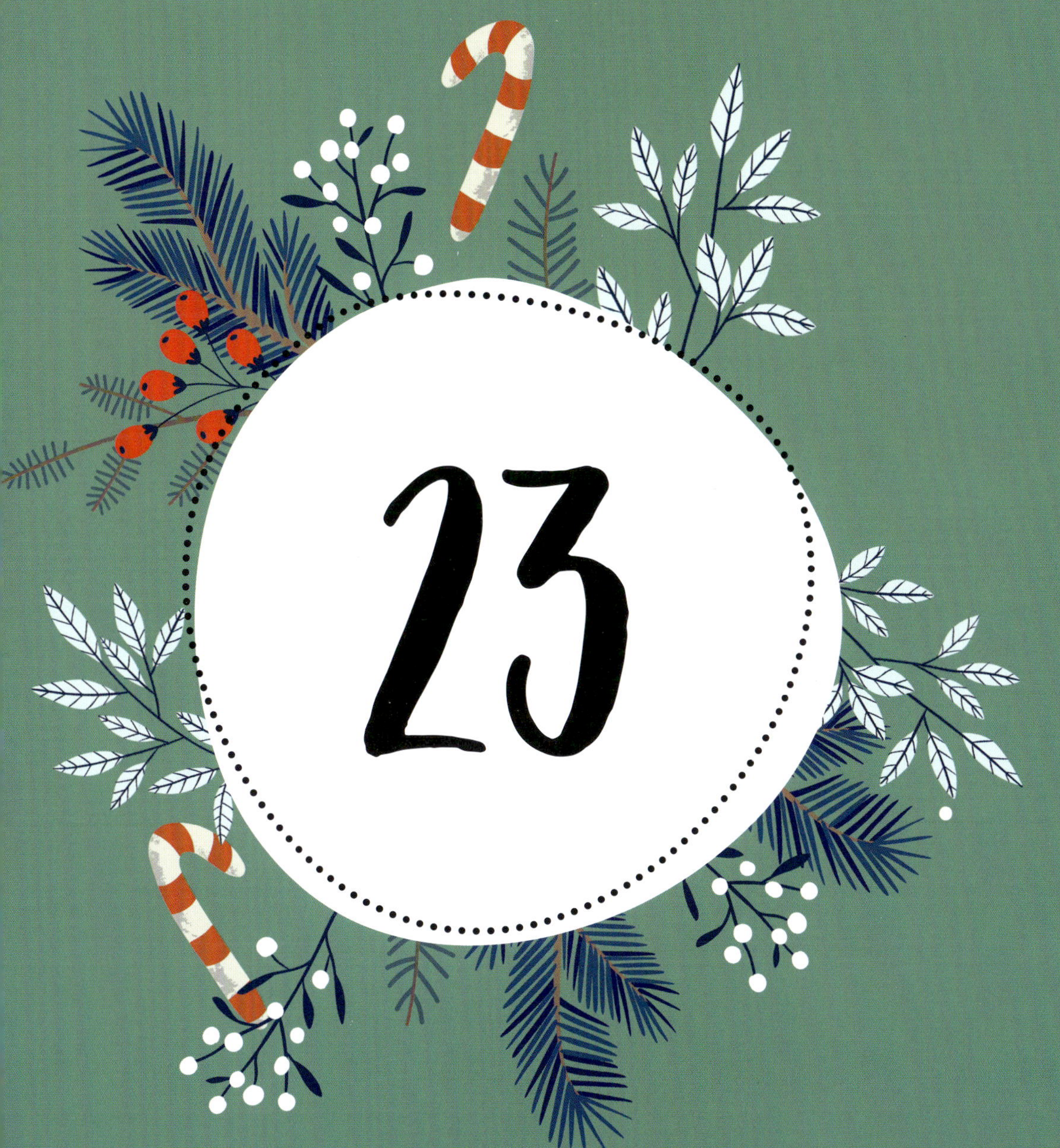
23

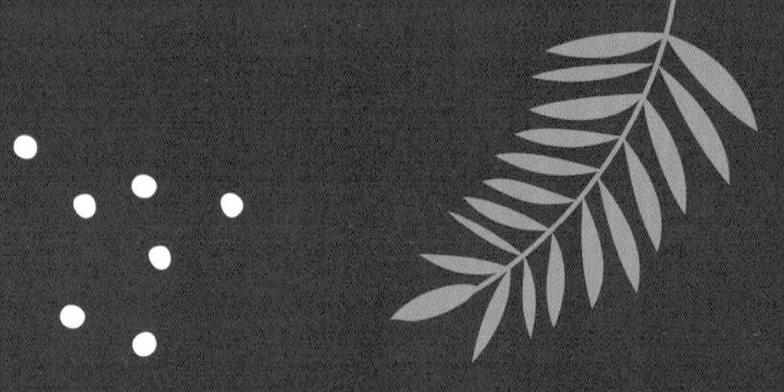

ES IST *schön*,

DEN AUGEN DESSEN ZU BEGEGNEN,

DEM MAN SOEBEN

ETWAS *geschenkt* HAT.

Jean de la Bruyère

24

# IMPRESSUM

Bibliografische Information der Deutschen Bibliothek.

Die Deutsche Bibliothek verzeichnet diese Publikation in der Deutschen Nationalbibliografie.

Detaillierte bibliografische Daten sind im Internet über http://www.dnb.de/ abrufbar.



Die im Buch veröffentlichten Aussagen und Ratschläge wurden von Verfasserin und Verlag sorgfältig erarbeitet und geprüft. Eine Garantie für das Gelingen kann jedoch nicht übernommen werden, ebenso ist die Haftung der Verfasserin bzw. des Verlags und seiner Beauftragten für Personen-, Sach- und Vermögensschäden ausgeschlossen.

Bei der Verwendung im Unterricht ist auf dieses Buch hinzuweisen.

EIN BUCH DER EDITION MICHAEL FISCHER

1. Auflage 2023



Text und Fotos: Christin Scheller-Penser
Cover: Sonja Bauernfeind
Layout: Theresa Maringer
Satz: Silvia Keller
Redaktion und Lektorat: Corinna Scherr

Bildnachweis:
Umschlag: © Marish/Shutterstock, © Liliana Danila/Shutterstock, © olly_ta/Shutterstock, © NotionPic/Shutterstock, © Magdalena Kucova/Shutterstock

Innenteil: © Marish/Shutterstock, © Liliana Danila/Shutterstock, © olly_ta/Shutterstock, © Nadia_Grapes/Shutterstock, © Ksenia Lokko/Shutterstock, © cute_vector/Shutterstock, © Yumeee/Shutterstock, © Polina Tomtosova/Shutterstock.

ISBN 978-3-7459-1580-8

Gedruckt bei Polygraf Print, Čapajevova 44, 08001 Prešov, Slowakei

www.emf-verlag.de